記念 Lois George Onesti

我丈夫的敬虔母親，
對我滿有恩惠的婆婆，
我兩個女兒的慈祥祖母。

因為她忠心順服，
我們知道神的理想——
一位在祂眼中看為美麗的婦人。

我們起來稱她有福！
箴三十一28

真　善　美　叢　書

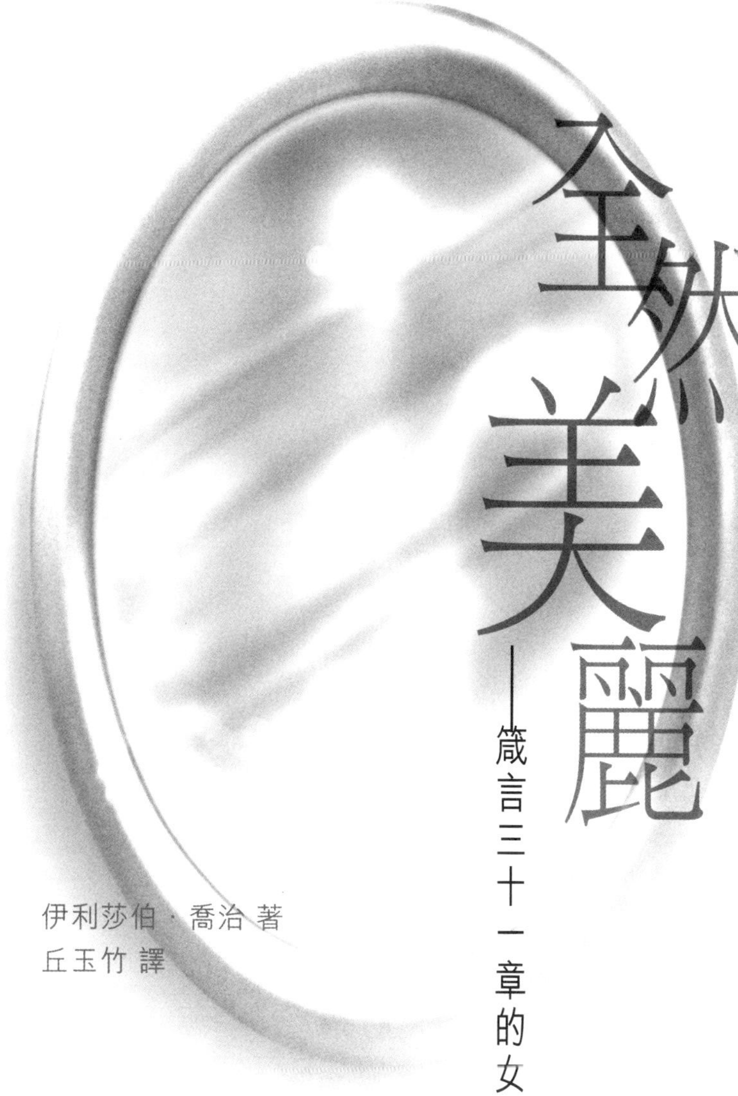

全然美麗

——箴言三十一章的女性

伊利莎伯．喬治 著
丘玉竹 譯

▼

真善美叢書

全然美麗

箴言三十一章的女性

Beautiful in God's Eyes

作者
伊利莎伯．喬治 Elizabeth George

譯者
丘玉竹

審閱
李金好

執行編輯
羅慧琪

裝幀設計
郭曉勤

■

出版／發行
基道出版社
香港沙田火炭坳背灣街 26 號富騰工業中心 10 樓 1011 室
LOGOS PUBLISHERS
Unit 1011, 10/F, Fo Tan Ind. Centre, 26 Au Pui Wan St., Shatin, Hong Kong
電話：(852) 2687-0331　傳真：(852) 2687-0281
網址：https://www.logos.com.hk

承印
陽光 (彩美) 印刷有限公司

●

6/2001 初版　10/2002 二版　9/2004 三版
Cat. No. LP745-3B
ISBN-10: 962-457-187-2
ISBN-13: 978-962-457-187-5
Original Edition "Beautiful in God's Eyes"
Published by Harvest House Publishers

Printed in Hong Kong

刷次	12	11	10	9	8	7	6	5	4	
年份	2029	2028	2027	2026	2025	2024	2023	2022	2021	2020

目錄

邀請成為美麗

一九七四年十月十九日，這是我在我的聖經箴言書的第一頁寫上的日子。當日我正出席一個座談會，那時我還是個初信的基督徒。與會的講員挑戰我每天讀一章箴言，特別是配合日子的章數。我接受了挑戰！

這大概是二十五年前的事了。但神卻用了這個簡單的練習來改變了我的生命。在過往的四分一個世紀，我幾乎每天都用五分鐘來閱讀箴言；結果我真正愛上了這卷書。我特別喜愛箴言三十一章的婦人，她在神眼中看為全然美麗，為我們設立了一個可仿效的典範。

自從遇上了箴言三十一章的婦人後，我嘗試效法她的生命。我努力活出神透過她所顯示、為我們所定立的標準。我細心研讀她在行為及態度上表明的指引，並嘗試跟隨這些指引來培育我的婚姻，建立我的家(箴十四1)，教養孩子，發展才德的品格。在她裏面，我找到了終生努力的指引、鼓勵、模範及推動力！現在，當我慶祝自己已成為基督徒二十五年時，似乎是個適當時間，讓我分享箴言三十一章的婦人給我有關屬神美麗的教導。

我很高興你和我一同攀登這敬虔美麗的高峯。我們會逐節分析箴言三十一章10至31節，並仔細研究有關這屬神美麗婦人的資料。書末設「閱讀指引」，供個人或小組反省及應用。另外，每章均有「如何成為美麗」的部分，為讀者提供一些每天活出箴言三十一章真理的實用建議。

當你和我想要活出這真理時，我要提醒你，單靠我們自己的力量，是不能成就神對我們的心意的。我們也不能單靠閱讀或立志成為箴言三十一章的婦人。我曾提到自己努力學效箴言三十一章的婦人的生命，我閱讀所有我收集到有關她生命的資料，也努力發展她那才德的品格。但我在邁向她所定立的標準時所得的進展，全然是出於神的恩典。我已完成了我的職責——我邀請你也完成你的部分——做一切你知道是正確的事，並避免那些具破壞性的事。因此每章均設有「邀請成為美麗」的部分，給你一個定睛看著神的眼睛，監察自己心靈及尋找神對你生命的美麗旨意的機會！

現在，當我們開始時，我希望你知道我為你衷心禱告的內容。我祈求你可以：

- 讓神藉這屬神美麗的教導，改變你的心及生命。
- 與你的兒女及任何有興趣的人，分享箴言三十一章的美麗圖畫。
- 真正渴望成為箴言三十一章的婦人——一位在神眼中看為美麗的婦女！

希望以下的經文也能成為對你的讚美：「才德的女子很多，惟獨你超過一切」(箴三十一29)！

在神美麗的愛中

伊利莎伯．喬治

加州Granada Hills

1

珍貴罕有的寶藏

她的品格

「才德的婦人誰能得著呢？」

（箴三十一10）

你試過忽然間面臨一項過於生命所能承受的挑戰，不知所措嗎？我就經驗過這樣的一刻。旅遊車駛進那巍峨的天然堡壘馬薩他（Masada）山腳下的停車場。這座矗立在死海海岸的防禦工事，是由大希律興建，位於離我們一千三百英尺的上方，它幽暗的影子正投到我們身上，預示黑夜的來臨；導遊告訴我們當晚要好好休息，準備第二天早上七時開始攀登這神妙的古迹。

我感覺好像站在額菲爾士峯的山腳。我想：「我在這裏幹甚麼？」「怎會是這樣的？我不過是一個順服的妻子，隨丈夫到聖地來學習*聖經*吧，倒沒求過這樣的一刻！」現在我得與其他（比我年輕得多的）組員一起，攀登這座陡峭的山！

朋友，我得趕快承認，當你和我一同站在這個起點，在這本有關如何在神眼中成為美麗的書首前，抬頭望著*她*——箴言三十一章所描述的美麗、成功、令人讚歎又完美的婦人時，我以上的感覺再次冒起：她肯定是過於生命所能承受的，她是那麼遙不可及、那麼遠離人世、那麼高不可攀，那麼美麗、超然、不可能。或者，那似乎⋯⋯

慢著！等我先說完我在馬薩他的故事吧。我乖乖聽從導遊的指示，吃了一頓健康的晚餐，早早上牀。整晚我卻是憂慮重重：在這艱辛的一程之前，該吃還是不吃呢？穿牛仔褲還是短褲？該帶多少水⋯⋯思想與疑慮不斷起伏交錯。不消說，我並沒有享受導遊所說的一晚安眠！

最後，終於到了早上六時半，是行動的時候了。我穿上衣服（最後決定穿短褲，因為酷熱難當）、拿了最大的水壺（沒吃過早餐）、打開房門、然後走向上馬薩他的那條小路去——開始攀山！縱然是不情願，我還是踏上了征途。事實上，那不是易事，我停下休息了無數*無數*次！胸口及腳部都疼痛不已，當我沿途痛苦掙扎時，不少團友都越我而過，但最終我還是成功了！我發揮了蘊藏我最深處的意志與體力，不斷邁進，一步、一步又一步地向前行，最後我抵達了世界之巔！（我後來才發現，這「世界之巔」原來只在水平線上！）我成功完成了看來不可能的旅程，這成就真是榮耀！

現在，親愛的伙伴，你和我站在箴言三十一章那位令人望而卻步的婦人之前。就如我不欲攀山的掙扎一樣，你可能曾為此掙扎：*要不要學像她一樣？*可能你也反覆盤算過這項嘗試的代價，又或者，在這學效的過程中，你經歷過被其他婦女超越的痛苦。

面對箴言三十一章的挑戰，不論你現在的感覺如何，又或過去的經歷如何，我邀請你現在與我同行，讓我們接受神的邀請，成為祂眼中看為美麗的婦女，讓我們一同攀登；如果需要的話，讓我們手牽著手。沿途上，我們要支取神恩典的大能及來自聖靈的決心，成為神期望我們要成為的模樣——每次我們只前進一步。畢竟，箴言三十一章的婦人才是那位*真正*的才德的婦人，讓我們按部就班，每次掌握一項才德，一節經文，逐漸全然領會她那罕有的美麗，然後，靠著神的恩典，實現在我們身上。現在，請你與我一同禱告，求神保護我們，免得輕視祂高超的標準，將婦人那超凡的美麗打折扣、忽視她的才德，或視她為過時或遙不可及的偶像。願神對你的期望，成為你自己的期望！

性格 ABC……

你可能想知道，箴言三十一章提及的婦人是從哪兒來的？她怎麼成為敬虔美麗的模範？信不信由你，她是一個活生生、有血有肉的婦人！

從前，有一個年輕的王子，他日將要成為國王，在繼位之前，他有很多要學的功課。於是，他的母親跟他一塊兒坐在灶台旁，一邊教導他如何成為一位敬虔的國王，一邊指導他如何尋找一位出色的妻子。

大部分學者都同意，箴言三十一章就是這位聰明的母親給她兒子的訓辭。第1節說：「利慕伊勒王的言語，是他母親教訓他的真言。」在1至9節，這位母親講及領袖的基本條件；而10至31節則描述他應該選擇的妻子種類，那種真正是珍寶的女子。可能由於兒子年紀還輕，這位聰明的母親將未來媳婦所應具備的條件，按希伯來文的字母組織成一首詩。這樣，年輕的王子便可以很快學會、記在心中、反覆背誦、以至銘刻在他年少的心版上（箴三3）。當這位母親完成了最後的一個字母，結束了對這位才德女子的讚頌後，這首頌歌便成了那年輕王子（以及我們）心目中神對婦女性情的要求。

當你和我開始學習這些品格時，我希望大家都緊記兩大盼望：首先，箴言三十一章是出自女性的口，它不是由男人因個人或不切實際的幻想所發出的吩咐或指示。不錯，那是由男人（利慕伊勒王）撰寫的，但他只是複述一位*女性*對另一女性的期望和看法。這個事實給我感動和激勵。當我知道更多關於神眼中的美麗時，我就更欣賞這類女性給女性的指引；我希望知道更多構成真正敬虔美麗的素質，而誰比這位在神眼中看為美麗的婦人所說的更具說服力呢？

第二，雖然這位母親以問句開始這首字母詩：「才德的婦人誰能得著呢？」（箴三十一 10），但她滿有信心相信，兒子可尋得這樣的一位女子。事實上，在古代的耶路撒冷，當一個男子結婚時，其他人會問：「他找到才德的女子了嗎？」[1] 這位母親深知道，這位女子確實存在（29 節），她鼓勵她的兒子努力去找！這母親的信心對我起了鼓舞作用，因為箴言三十一章的婦人是真實的，你和我不是只有羨慕的份兒，我們都可以真正成為*她*！她也許看來是一個無法達到的目標，一個不可能實現的理想，但事實上卻不然。神在聖經多處地方，都向我們顯示了她的存在，祂讓我們看見路得——一位才德的婦人（得三 11）；神也告訴我們，「才德的婦人是（請注意是現在時式）丈夫的冠冕」（箴十二 4）；祂也指出：「才德的女子*很多*」（箴三十一 29）——很多！

是的，才德的女子確是稀有的珍寶：罕有、超凡、最珍貴的寶藏——但這是在神眼中而言；祂是一切美麗的創造者，你和我都可以變成她，你和我都可以在祂眼中成為美麗。

美的圖畫

既然本書名為《全然美麗》，那麼在我們往下看之前，就讓我先澄清一下：神界定的美麗，可能跟我們的想法不同（神美麗的觀念顯然與世界的標準不同）。所以，當你繼續閱讀此書時，請緊記，箴言三十一章10至31節展示了一幅*神*看為美麗的圖畫，正如神自己說：「我的意念非同你們的意念；我的道路非同你們的道路……我的道路高過你們的道路；我的意念高過你們的意念。」（賽五十五8～9）就如神自己本身與別不同，神對美麗也有不同的定義。

明白屬神的美麗，是這位小王子需要學習的第一步，也是你和我的第一步。（記得馬薩他嗎？每次只前進一步！）所以首先我們要明白，「*才德*」一詞的意義：「才德的婦人誰能得著呢？」（箴三十一10）「*才德*」的意義就如錢幣的兩面：一面是*心力*（道德原則與態度），另一面則為*體力*（力量及效率），雖然兩者看來都不大美麗，但請看看在箴言三十一章那幅美的圖畫中神如何提到這兩項特徵。

堅強的心力：在神繪畫的那美麗婦人的圖畫裏，祂描繪一連串的內在素質，表現她的意志力；這些素質使她（也會叫我們）在追求的目標上不易放棄、妥協、退縮或停止不幹，達成神的意願。現在，先讓我們以宏觀的角度看看箴言三十一章10至31節，然後，當我們隨著本書一直往前攀登我們的山的時候，我們才細看每一項特質。神看為美麗的婦女是：

- 純潔的：她有德行（箴三十一10）。
- 忠誠的：她丈夫信任她、依靠她（11～12節）。

- 勤奮的：她由日出工作至日落，盡自己的本份，又擴展其業務（13～19、21～22、24、27、31節）。
- 節儉的：她深懂財務管理，使她可以照顧所愛的家人並增加財富（14、16節）。
- 堅強的：她以無懼的勇氣面對日常生活（以及死亡！）的挑戰（25、29節）。
- 仁慈的：她在生命中關心不幸的人，她的嘴唇說出仁慈的話（20、26節）。
- 有智慧的：她一生都以智慧行事（26節）。
- 聖潔的：她全心全意地愛神（30節）。

這些內在的素質，令這位神看為美麗的婦女，可以妥善管理自己的生命、時間、錢財、言語、家庭、人際關係，以及她自己。

強健的體魄：我們可能會奇怪，箴言三十一章的女子何以可以完成神希望她所成就的一*切*的事？翻過錢幣的另一面，我們清楚看見，她的生活需要能量及體力，請看看箴言三十一章這位美麗又強健的婦人在工作上的表現吧：

- 她甘心用手作工（箴三十一13）。
- 她用甘心的手栽種葡萄園（16節）。
- 這對手也操控線竿及紡線車（19節）。
- 她從黎明（15節）工作至深夜（18節）。
- 她照顧有需要的人（20節）。
- 她織布作家人的衣服（21節）、供應家居需要（22節）

及作自己的衣服，並以出售細麻布為她的專業（24節）。

• 她從不閒懶，時刻看管及建立她的家（27節）。

這位勤奮的才德婦人，需要體力及才能以完成她生命的工作，愛心的工作。

才德的軍隊

現在，親愛的讀者，看過這出眾婦人的心力及體力後，我們現在要看看構成才德的另一重要元素，我明白這元素並不十分吸引，也欠缺女性味道或美麗：她是一支軍隊——一支才德的軍隊！這是神對她性格描述的精意。讓我慢慢解釋。

希伯來文「才德」一詞，在聖經中用來形容軍隊的不下二百次，這個舊約用詞，是指一隊軍隊或一股勢力，含有*能力*、*能幹*、*強而有力*、*健壯*、*勇敢*、*有權勢*、*有效率*、*富強*及*有價值*的意思。[2]這個詞亦指向戰士，以及準備作戰的男士。把這個定義轉用在女性身上，你便可以開始明白這婦人內含的能力有多強了！就如堅強的意志與強健的體力，是軍隊的主要標記，它們也是神美麗婦女的記號。

我知道這是不容易的部分，你可以回顧把這段重看一遍。當你與我站在一起，凝視箴言三十一章那位令人懾服的婦女時，我們需要儘量明白，神以「才德」來形容這婦人所含的意思。畢竟，明白她的性格（這是本章的主旨），是我們成為才德婦人的第一步。

「才德的婦人誰能得著呢？」這是箴言三十一章10節提出的問題。神指出，屬祂的婦人，其內在的能力及外在的成就，使她成為獨特而罕有的珍寶。她確實是一支令人懾服的軍隊；在神的幫助下，你和我都可以成為令人敬佩的婦女。以下是一些基本步驟：

如何成為美麗

1. 培養意願：根據摩西在詩篇九十篇10節的禱告（「我們一生的年日是七十歲，若是強壯可到八十歲」），想像自己正在慶祝八十大壽，一大羣人簇擁著你，與你慶祝這特別的時刻。突然間，音樂響起，你的生日大蛋糕到了。當人推著這蛋糕入來時，你驚歎這蛋糕是多麼的巨大！這蛋糕一定要大，因為上面插著八十枝蠟燭，而每枝蠟燭都是點著的，事實上，蠟燭的熱力令你希望脫掉身上的毛冷外套！

現在，挑戰來了：若神讓你活到八十歲，當你吹熄蠟燭之時，你希望自己在這八十年間可有甚麼成就？

朋友，此刻我為你禱告，願你的答案表明，你衷心渴望成為一位才德女子、一位在神眼中看為美麗的女性。

2. 假以時日：神那美麗的婦女如何成為這樣出眾、罕有、獨特的珍寶呢？她為何擁有這樣敬虔的性格？答案是：假以*時日*。屬神的性情不會一朝一夕便能建立起來，這樣美妙的事情不是偶然造成的！需要多少時間才能培養出這樣的品格呢？

閱讀神話語的時間：將閱讀神的話語成為你每天最重要的事項。以下的故事可能會幫助你明白，為何閱讀聖經可以孕育美麗。

以色列是世界著名的鑽石出口國家，當我在以色列的時候，我學懂在生產鑽石的過程中，其中一個步驟就是打磨鑽石，負責打磨的人若未能在鑽石表面看見自己的影子，他就不會把那顆鑽石推出市場銷售。

親愛的，你是一顆有待琢磨的鑽石，當神以祂的聖言雕琢及打磨你的性格時，你便能清晰反映天父的面容，逐漸擁有那些才德的品格。當你肯花時間注視祂的話語，祂真理的亮光會推動你為祂的榮耀而活。神會用祂的説話擦淨及洗滌你的恐懼、惰性、疑慮以及罪惡的行為；祂會藉祂的話改變你，把你轉化為一個充滿神的能力，更能反映祂美麗的女性。

背誦神話語的時間：除了每天閱讀神的話以外，更要計劃定期背誦經文。我自己的計劃就是每天散步時背誦經文。運動不但能增強我的體力（更可改善我的體態，因為散步可以減掉磅數！），而在散步時背誦的經文，更給我當天精神及屬靈的力量去「攀登」神所喜悅的美麗。

與其他姊妹共處的時間：結交一些能鼓勵你靈命成長的姊妹（多二 3）。從經驗所得，再沒有比主內姊妹們的情誼更密切的。神藉著五位忠心的朋友祝福我，這五位姊妹願意花上一生八十年的時間（要是主願意的話），致力追求成為神看為美麗的婦女，在這追求的道路上我們學習相愛、互相鼓勵、彼此代禱。與這些樂意為主而活的姊妹們相交，激發我要成為才德婦人的心志。

閱讀聖賢傳記的時間：定下閱讀計劃，即使每天五分鐘也好。我覺得花時間認識一些信心偉人是十分值得的。以下一支屬神的女「軍隊」，她們那散發無窮體力與無比毅力的生命，深深觸動了我的心靈，並為我注入了一股新的力量。

- 卡美珊女士（Amy Carmichael）：她到印度宣教，服事了五十五年，從來未曾休假。
- 衞斯理太太（Susanna Wesley）：她撫養過十九個孩子，其中十個不到兩歲便夭折，在丈夫被監禁期間，她獨自肩負起教導及養育孩子的責任（其中衞斯理約翰及查理兩兄弟更是路德會運動的發起人），同時打理家裏的農場，更要忍受鄰居對她信仰的刁難。
- 艾理斯夫人（Elisabeth Elliot）：在森林服事的宣教士。她的第一任丈夫因殉道而亡；第二任丈夫則患上末期癌症，她獨自撫養其女兒。
- 薛飛夫人(Edith Schaeffer)：她放棄舒適的生活，隨夫婿(Francis Schaeffer)到歐洲服事，期間飽受當地人士的迫害、遭遇可怕雪崩的威脅。她其中兩個兒子分別患上小兒痳痹，及因風濕而引起的心臟病，但二人都缺乏醫療藥物；後期她的丈夫更與癌症搏鬥了五年後不治。
- 葛培理夫人（Ruth Graham）：當丈夫（Billy Graham）每年都要離家數月為主作工時，她忠心地照顧五個孩子。

神美麗婦女的名單還可以不斷加長，你和我都可以從她們的榜樣中支取莫大的力量。

今天的時間：將今天餘下的時間（以及無數個明天）奉獻給神，並按祂的心意而活。就如一諺語所言「今天如何，日後也如何。」若我們希望在八十大壽時——或在其他時間——成為神美麗的婦女，我們今天就要成為屬神美麗的婦女。畢竟，我們的明天是由今天組成的。摩西求神說：「求你指教我們怎樣數算自己的日子，好叫我們得著智慧的心」

（詩九十 12），背後所言的真理也是一樣。你明白嗎？若我們今天嘗試活出*神*對我們生命的期望，培育*祂*所看為美麗的性情時，我們今天就會變得美麗及有智慧，用不著擔心明天，因明天在神的手中。

一生的時間：你和我不需為神那美麗的標準感到氣餒或恐懼，因祂給我們一天又一天，足有一生的時間去達到這個標準。請聽美麗而智慧的薛飛夫人對箴言三十一章那婦人的評語：「這婦人種種令人敬佩的特質，必定不是在一年之內達致的。我相信，那是她長時間所累積的成就、工作的成效、她的想像力及才能所生出的結果。」[3]

邀請成為美麗

呵，我只不過嘗試描述神那美麗的婦女，竟覺得自己好像已經攀登了一座大山！或許當你嘗試明白她那豐富的特質後，也會有如此的感覺。

我還感到有點遲疑（那是否真的是我想要的？）、恐懼（如我失敗了如何？）、但卻又認真的（因知道那將是艱苦的旅程！）。偶然我更會想：「若我真的過這樣美善的生活，那又會有甚麼分別呢？」但若我們記得，神是以祂的說話去描述這特別的婦女時，這疑惑就解除了：她是*神*的肖像，她反映了屬*神*的美麗，以及*神*建構的美麗。*祂*知道所交予我們、要我們為祂完成的工程的價值，祂也知道那工程所需的精神及體力。也許現在我們才明白，為何這有能的婦女被視為「稀有奇珍」！

何不現在就與我一同禱告、祈求能力——祂的能力？何不與我一同宣告，你也希望成為這像軍隊的婦女，以無比的勇氣、膽量、無懼的精神、恆忍、毅力和動力（祂的動力），衝破生命種種的挑戰和責任？我知道你的想法和我的一樣，就是渴望真正成為神眼中美麗的婦女，得到祂的稱讚：「做得好，你這又良善又忠心的僕人」（太二十五21），和祂的認同：「你是才德的婦人」（得三11）！

2

閃爍的珠寶

她的價值

「她的價值遠勝過珍珠」

（箴三十一10）

這確是夢想成真！我最終可與她相遇！我是指箴言三十一章所描述的那位在神眼中看為美麗的女子，正是我們要從這本書逐漸認識的那個女子。外子正好需帶領一批神學院的學生到以色列作考察，他邀請我隨團出發。

丈夫是知道的！他知道我這二十五年內致力學習及了解這位美麗的婦人；他知道我記得箴言三十一章10至31節的多個版本；他亦知道（從銀行存摺得知！）我購買了很多有關箴言及那美麗婦人的參考書，在過去的四分一世紀，我已把她的一生當作是一個特別的研究課題；他也知道，學效她的生命，已成了我終生追求的目標。是的，丈夫絕對知道，與她相遇對我的重要性就如我曾說的，能到她的家鄉去探望這位美麗的婦人是實現我的夢想！

如同其他出門的女士一樣，我寫下了多項清單。放下工作離家一個月，事前要做的事實在太多，那清單肯定是長的。要收拾的行李清單也很長；離開前要購買的物品清單也很長。但我還有另一張清單，我小心翼翼地藉著禱告準備了一張對我個人是非常重要的清單，全程我都把它夾在我的聖經內。我稱這張清單為「要見的事物」，而且將箴言三十一章10至31節內每項我想在以色列親眼看到的文化特徵都記了下來。我身負任務——箴言三十一章10節問「才德的婦人誰能得著呢？」我現在就去找她！

在這張「一定要看」的清單上，第一項是珠寶，因為箴言三十一章10節（即本章的主旨）一開始就提及她品格的可貴：「她的價值遠勝過珍珠（譯按：珍珠或譯作珠寶、寶石等）」。所以我要第一時間親身一睹以色列的珠寶，那些反映屬神美麗婦女的價值之珠寶，好讓我更了解她、更欣賞她。

搜求珍寶

你和我在第一章聽到一位母親教授她年幼的兒子有關真正女性美的課堂，現在我們已展開行動，開始尋找這位神看為美麗的女子。母親的教訓強調一位真正敬虔美麗的女子是多麼珍貴、多麼出眾的寶藏。現在，我們再往下看，我們又看見那位母親以珠寶重申她的價值：「她的價值遠勝過珍珠」（箴三十一10）。

- 一位譯者告訴我們：「她的價值遠比紅寶石為高」。[1] 紅寶石確實是獨特的寶石，因為它罕有，較大塊的紅寶石，比同等重量的鑽石還要貴重。[2]
- 另一位譯者則說：「她的價值遠比珍珠為高」。[3] 想想：在三萬五千隻蠔中，只能找到二十顆珍珠，而其中只有三顆具寶石的素質！[4]
- 「她的價值遠比珊瑚珍貴」，這是另一個版本的演繹。[5]

珊瑚是精緻的「花狀動物」，只有少數具有磨琢成珍貴寶石的素質。[6]

紅寶石、珍珠、珊瑚，隨你選擇，這每一種奪目的珠寶都是寶貴稀有的，每種都是難於培殖、世間罕見的；這正是那位年輕王子的母親所用的比喻，好讓這位在神眼中看為美麗而獨特的婦女在王子心上留下深刻印象。若給他找著，她可真是無價之寶！

我可愛的朋友，現在讓我告訴你，我在以色列尋寶之旅有甚麼收穫吧。我説過，在我那「一定要看」的清單上，第一項就是珠寶。所以，當我們考察團用一天的時間參觀以色列博物館時，我就立即去尋寶。我經過一個又一個的展覽台、瀏覽每一項展品，竟然找不到一顆珠寶！那些珠寶連同其他貴重的物件，在遠古時代已遭入侵的軍隊擄走了。

儘管如此，我在博物館內的收穫，與找到珠寶同樣豐富，因為以色列博物館展出了很多在當地出土的器物，這些器物代表著以色列民族悠久深厚的歷史。甚麼遺物可以提供線索，讓我們看見那美麗女子生活的影子呢？我看到……骨頭與棺材！牆上掛滿了盾牌、劍、盔甲及其他戰爭用品！展品中也包括泥土製的碟及煮食器具！還有石頭造的榨橄欖器、磨麥磨具。這些都不是我預期要看的展品！

這些原始器物揭示了甚麼？它們代表了，艱苦的生活——掙扎求存、維持生計及僅可生活的情況，它們也道盡了工作與戰爭、辛勤與損失。我們幾乎看不見任何美麗、色彩或享樂的痕迹，映入眼簾的都是荒涼及原始的物品，見證了淒苦、荒涼及原始的生活。

然後我驀地發現，神所視為美麗的婦人，才是她丈夫生命閃爍的珠寶！她為家庭帶來愛、色彩、喜樂、生命以及活力。是的，以色列的生活是艱苦及原始的，每天的生活只求在那乾旱、岩石滿佈的土地上生存，天天為衣、食、住籌算。但如果有一位閃亮如珠寶的妻子，生活就變得可以忍受了。事實上，一個男人如果有神美麗的婦人陪伴左右，他就是擁有了未為人知的無價寶了！

如何成為美麗

神的真理給我當頭棒喝！我的情緒如波浪不定，因為我明白神為我（以及為你）所設定的計劃是何等重大：當我與丈夫及孩子一同在生命中掙扎時，我要為他們的生命添上美麗，不管生活是多麼的艱難，我也要為家庭添上光輝。

我希望你看見這個異象：讓你的生命成為那些在困難或痛苦之中，疲乏、勞累或悲傷之人的閃爍珠寶；那是神的要求，祂知道，你和我都可靠著祂的恩典達到這個目標。

就如寶石的價值會隨著時日增加，我們作為神的美麗婦女（祂的珠寶）也應該如此。以下的功課，不但有助於增添我們的光輝，更可為我們以及圍繞我們之人的生命帶來歡樂。

1. 加強實用技能：不論你已婚或仍是單身，我們作為神的婦女，都應該加強管理家庭（或住宅或宿舍）的必需技能。

持家之道：我記得一位將要結婚的大學畢業生含淚訴說，她媽媽在過去二十年來，不斷付款給她上游泳班，鼓勵她在體育項目上努力，開車送她到游泳池，送她去練習

及參加比賽；我這位朋友懂得游泳，但對煮食或清潔一竅不通！

另一位女士也有同樣的問題，我應該説其實是她的丈夫有這個問題。有一天她的丈夫到我外子在神學院的辦公室來求助。你知道嗎？他每天黃昏放工或放學後便回家去——在家裏沒有可做的事！沒有煮好的食物可供享用、沒有人預備晚餐、廚櫃或冰箱裏也沒有可煮的東西，他的妻子根本沒有想過要煮些甚麼；妻子毫無頭緒，丈夫就無助地在捱餓！

金錢管理：神美麗的婦女也需要個人財務管理的實用知識。我們要知道如何支付種種賬單、管理支票簿、核對銀行月結單、打理儲蓄及投資、有節制地使用信用咭。外子説我對他的一項最大幫助，就是為他處理家庭的財政。過往三十年我替他管理他的支票，每星期可為他省回數小時的時間，使他可用在家庭、工作及教會的其他事務上。當你與我循著箴言三十一章10至31節往前走，你會不斷發現，神那美麗的婦女確實擁有一副精明的商業頭腦！

時間管理：審慎的時間管理是管理家居（以及自己生命！）的關鍵。時間是神賜給我們最寶貴的財產，祂希望我們愛惜（西四5），將時間用在祂的善工上（弗二10）。生命是由點滴的分鐘組成，所以我們要有智慧及良好地運用每一分鐘。我鼓勵你開始每天計劃日程的習慣。若你不知道如何開始，花點時間參閱時間管理的書籍，或與一些在這方面特別出色的女士傾談。

2. 增進情緒穩定：當然，若要成為別人生命中閃爍的珍寶，我們的情緒便需要更加穩定，畢竟，家中的女主人才是

決定家庭氣氛的那一個，她的情緒狀況決定了整體的家庭氣氛。箴言多次談到貽羞的婦人，她就像朽爛在他丈夫的骨中（箴十二4）；又說到一些愛吵鬧的妻子，丈夫寧可住在曠野，也不肯與她同住（箴二十一9、19，二十五24）。你和我都不願做這種令人討厭的女人。我們的願望，就是要活出以下刻在墓碑上的墓誌銘：一個六十歲的丈夫描述他的太太是「經常令家人快樂的」一個；對他的珠寶而言，這是何等的讚美！

本書是關於如何成為才德的婦女——一位不論在精神、情緒、肉體及靈性上都滿有能力的婦女，故此以下提供三方面的指引，以助增進你的情緒穩定，好讓你能使家庭開心愉快：

控制你的耐力：穩定的情緒給每個軍人無比的能力，使他們在面對艱難的境況下，仍然繼續向前推進。這也是我邀請你學習的。我邀請你學習忍耐這門功課，我已學了將近數十年了。自從我發現神那美麗而才德的婦人是一支才德的軍隊後，我就開始學習軍人那份堅忍的毅力，我也向神祈求，願祂成為我的幫助。

當我面對逆境或痛苦的時刻，我會作以下的禱告：「神啊，祢的話語告訴我，祢已將一切關乎生命及虔敬的事賜給我們（彼後一3）；祢也說，我靠著那加給我力量的基督，凡事都能作——包括這一個難處（腓四13）。透過祢的恩典，我是可以靠著聖靈去面對及處理的。謝謝祢讓我克服這個挑戰！」

透過這禱告，我承認了在主裏我有無窮的能力，不管有甚麼在我前頭，我仍可在肉身及精神上如軍人一樣堅忍地繼續向前邁進。面對如海浪不斷地湧現的挑戰，我儘量沉靜安祥地，決心忍受生命中的每項挑戰。你看見嗎，我的目標——我的禱告——就是不要氣餒、不要放棄或後退。與其讓情緒使我無能為力，不如成為那個在神眼中看為美麗的軍人。我知道，你會與我一同追求這願望的。

控制你的脾氣：我指的脾氣是焦躁和怒氣。有關脾氣的種種，神的話語告訴我們，有能力的婦女在這方面的表現：

- 她心中安靜（箴十四 30）。
- 她懂得等候（箴十九 2）。
- 她不輕易發怒（箴十九 11）。
- 她約束自己的心（箴二十五 28）。

這以上的描述看來又是一個不可能實現的夢，但請放心，神知道我們對祂忠誠的奉獻，和對祂標準的關注，祂一天一天地，藉著一件又一件的事、一個又一個的挑戰，在我們一生裏鍛煉我們，直到我們放射出祂神聖美麗的光輝，以及反映祂的形象。

我開始學習控制脾氣的第一步，就是在我個人的禱告本子上開一頁「決心戒除的壞習慣」，這張清單包括了我每天向神交託的項目，我懇求祂從我心中除去清單上那些可怕的罪（太五 29 ~ 30），在這清單上其中一個不太光彩的習慣就是：「停止向小孩子大聲呼喝」。希望你可明白整幅圖畫！

控制你的舌頭：論到可怕的罪，不是大多和舌頭有關的嗎？祝福與咒詛確實出自同一張嘴巴（雅三 10）。我們的說話可以「如刀刺人」，也可以作為「醫人的良藥」（箴十二 18）。

要將神美麗的光輝帶回家中，你和我都要致力活出箴言智慧的教訓。具體來說，我們應該：

- 少些說話（箴十 19）。
- 想過才說（箴十五 28）。
- 說甘美可愛的話（箴十六 21、24）。
- 只說智慧及仁慈的話（箴三十一 26）。

寫到這個題目，我禁不住要與你分享一篇取自《每日天糧》(*Our Daily Bread*) 的靈修小品，我全家都喜愛它。那早晨丈夫在早餐桌上讀了出來，我的女兒嘉芙蓮 (Katherine) 馬上在上面畫了五顆星，並寫上「媽媽」，那天是一九八二年五月十七日——它已成為我們家庭的特別日子。可能它對你也有幫助。

> 一位女士患了嚴重的喉嚨問題，醫生給她處方，不准她講話六個月，好讓她的聲帶全然休息！要照顧丈夫與六個孩子，那是不太可能的，但她仍遵照醫生的吩咐休息。當她需要孩子時，她就吹哨子；一切吩咐都變成手寫的便條，回答問題就用紙張，她已放置在屋內的每個角落。六個月過去了，她病好了；她首次開腔說的話甚具啟發性。她說孩子較前安靜了；她又說：「我想我再也不會像以前那樣大叫的了。」當問及那些字條時，她回答說：「你會驚訝我在匆忙中所寫的字條，在給他們之前，不知多少給我拋進廢紙簍裏。把自己的話先看一遍，然後才讓人聽見，那效果是我永遠難忘的。」[7]

我收到那信息了：少說話……且要想過才說。說甘美及令人舒服的說話……只說智慧及仁慈的話！這是神教導我們有關美麗言辭的指引。

邀請成為美麗

親愛的姊妹，難道你不也想望，在生命中擁有神那種實在的美麗及內在的力量嗎？難道你不也是深深地願望自己成為在神眼中看為美麗，成為讓別人的生命添上光輝的珠寶嗎？

若想成為無價寶，成為一位價值比珠寶還要貴重的女性，我們就得付代價。這樣罕有的美麗性格，就如價值連城的珠寶一樣，是要努力獲取的。寶石起初是堅硬的，而這些粗糙堅實的寶石，需要被切開，除掉所有的瑕疵、所有的不雅之處。切開以後，經過打磨，再增加其光澤及閃爍的程度，色彩就可以透過表面放射出來，產生那種如火燄、如彩虹般的光輝。我們的光輝也需經過以上的琢磨過程才能顯露出來。不論你已婚或未婚，我們都需要增進情緒上的穩定及加強我們的技能。擁有了這兩項內在的特質，我們這些渴望成為神美麗寶石的婦女，也都能閃亮發光。

啊，親愛的朋友，神是我們的陶匠，你的心（我的也是）在祂的手中。你會仰望祂的眼睛，看見祂對你的愛，並讓祂潔淨你嗎？你會把那些阻礙你散發光芒的瑕疵交在祂的手中嗎？你會求祂的幫助，使你不服在那些有害的情緒底下嗎？你會努力穩定自己的情緒及磨練你的技能嗎？這兩項特徵——你的性格及反映你性格的技能——才是神所期望、別人所珍貴的。讓神在你身上展開祂那美麗的琢磨工作吧！

現在，我們將要細看那在神眼中看為美麗的婦人，另一種閃爍的特質。

3
堅固的磐石

她的忠貞

「她丈夫心裏倚靠她」

（箴三十一11）

我看過有關一對夫婦在位於地中海入口那著名的直布羅陀石島（the Rock of Gibraltar）上，宣讀婚盟的故事。新郎解釋，他倆希望他們的婚姻可建基在磐石上。但若將婚姻建基在基督的磐石上，以及在妻子堅定的忠貞上，那就遠較在直布羅陀石島上宣讀誓辭為佳。當一位男士，與一位不論在心理上、情緒上、肉體上，以及靈性上都堅強的女士結婚，並相信她堅強穩定的性格可作為他努力的基礎，他便可滿有信心地建立自己的生命、工作以及他的家庭。

當我在以色列考察期間，在耶路撒冷住了三個星期以後，我對岩石的認識加深了！每日都要攀越這個地勢崎嶇的國家，我們就如小羚羊一般，要行上岩層、越過石頭、繞過岩塊、穿過石隙，然後從石堆下來。而我們曾到訪在舊約聖經所提及的古城遺迹，它們都是由一層一層的大小石頭堆砌而成，建築在巖牀上。

但在我所見的石頭中，最令我興奮的莫如房角石，我給它拍了一張照片（事實上，在我寫作這一段時間，我正在看著這張照片），因為神以「殿角石」比作祂的女兒（詩一四四12）。我選擇了那塊在聖殿山南端的考古地點發掘的房角石，正在希律廟宇的範圍內（耶穌崇拜的地方）。這古舊的基石支撐著整個聖殿的基礎，承受著多堵高達七十五英尺的石牆超過二千年之久；這塊長約二十英尺，高度等於一個標準男士（六英尺），寬八英尺以上的房角石，今天仍然承托著聖殿的整堵圍牆。

這塊值得記念的房角石是經過精挑細選的，因為希律王希望自己一手所興建的奇景要有穩固的根基，這座最重要的建築一定要穩如泰山，所以希律選了一塊比房角石還優勝的磐石。經歷了二千年的戰爭、地震、風雨和時間的洗禮，這塊堅固的磐石依然沒有稍微移動，其上的石牆依舊屹立如山。

我主內的姊妹，就如那堵石牆，你也可鞏固你的婚姻，只要你靠著主的恩典成為一位穩固如磐石，一位有能力的才德婦人。我手上那張照片上的房角石可能並不漂亮，而它的大部分也被泥土所掩蓋，但希律的聖殿卻是華麗的！我希望你讀這一章的時候，記著這個房角石的比喻，因為一位穩固及強健如磐石的妻子，是箴言三十一章11節的中心。

忠貞的語言

我以為自己明白何謂信任，但我得承認，當我讀到「她丈夫心裏倚靠她」（箴三十一11）這一句時，我發現三大驚喜。這三大驚喜教我更加認識，成為丈夫磐石的重要。

自在無憂：首先請看「丈夫的心」。希伯來文「心」一詞其實是指思想意志，正是那產生懷疑、焦慮和不安的地方，但

能夠信任他忠貞的妻子的丈夫，他的心（思想意志）就是一顆輕鬆自在的心。我們被呼召作神的婦人就是要這樣實際的生活，使我們的丈夫從不用擔憂或疑惑我們的性格或家庭管理、財務或時間的問題，然後，他就能真正將他的生命建立在我們忠貞的磐石上，他的心就可在他妻子穩定的支持下安然無憂。

鼓勵：然後就到了信任這因素：「丈夫的心安然*倚靠（信任）*她」。希伯來文的「*信任*」一詞譯作「滿懷信心、放心以及有自信」。[1]因此，一位男士若娶了一位神所視為美麗的婦女，這會令他有信心，他亦因可以信任他的妻子而受鼓勵。[2]妻子的忠誠令丈夫每天都受鼓勵。因為他信任她（他安然信任她），他受到鼓勵，工作也得著能力。

信靠神：在整卷箴言書中，凡信靠人或追求別的東西過於神的都被等同於愚拙（箴三5）。但神這個原則卻有一例外：那就是當所享受的財富是信靠*神*的結果。就箴言三十一章11節來說，丈夫的得益是來自妻子的價值——他可穩妥信賴的。他信任他的妻子如同信任神一樣！[3]「丈夫的心安然信靠*她*」是在主裏信任她！就如一位譯者所見：「她丈夫心裏對她有信心」。[4]想像一下，我們被召與神同工，被呼召去安慰及支持我們的配偶，該是何等難以置信的權利、何等的職分！

忠貞的清單

以上的三大驚喜令我有很多思想。我詫異地發現，原來因為我（當我跟從神的指引時），丈夫可以享受休息、自信，以及對神有更深的信任。

當我思想我們的忠貞對辛勤工作的丈夫們的影響時，我再一次翻看箴言三十一章10至31節，並寫下了一張個人有關忠貞的清單。即使你是未婚，這仍然與你有關。請記著，畢竟這是那位母親訓勉她的兒子要尋找一位*未婚*的女人，她*擁有*這忠貞的特質！任何一位以及所有神的美麗婦人都配得以下的稱讚：忠心、真誠、穩定；不論就性格、婚姻、家庭、人際關係以及她的職分上而言都是一穩固的磐石。所以，不管我們已婚或是單身，我們的目標都應讓這無價的才德成為我們冠冕上的一顆珍珠（箴十二4）。

以下是我在日常的生活中就十個不同層面開列的一張個人忠貞的清單。何不考慮一下你在追求神的標準上進度如何？你是否在這磐石上建立你的生命、你的家庭以及你的婚姻？

- ***金錢***：你丈夫的心及思想能否因為你勤力地管理他的財產而感覺安然（箴三十一27）？他能否信賴你是勤儉、有智慧及不負債的人？
- ***孩子***：你是否一位全心擺上的母親，致力培育順服的孩子，教導他們愛神、愛他們的父親，以及叫自己的名字得到稱讚（箴三十一1～2）？
- ***家庭***：你丈夫有否因為你全心全意打理家庭，使家庭現在和將來都井井有條而受到鼓勵（箴三十一13、27）？
- ***聲譽***：你丈夫的心是否因為知道在你一生中的每一天所作的，都為著他的好處，沒有惡意，永不會引起他性格上的問題而感到安然（箴三十一12、23）？
- ***忠誠***：你丈夫能否信任你會遵守婚姻的誓言，甚至因你終生都忠於他而高興（箴五18）？

• ***情緒：***你丈夫可否因為知道你情緒平靜穩定，沒有發脾氣或突然爆發脾氣而安心（箴十四 30）？

• ***開心：***你是否快樂的泉源，以主為樂（詩三十七 4），使家人如沐春風？

• ***智慧：***你丈夫能否信任你可以憑藉神的智慧處理生活上的挑戰、困難及危機（箴十九 14）？

• ***行為：***你丈夫能否信賴你，因為你有恩慈（箴十一 16）、見識（箴十一 22）、才德（箴三十一 10）和高貴的品格（箴三十一 25）？

• ***愛：***在以上九方面有正面的進步就是在愛裏有長進！知道嗎？愛是要有行動的。你對丈夫的財產及他生活其他方面細節的關心，就是表達你對他的愛的有力證據（箴三十一 29）。

我真希望你可以開始欣賞神如何看重你與我的忠貞！你知道為甚麼在祂眼中，以及在你丈夫的眼中，忠貞是這樣美麗嗎？在箴言三十一章中，忠貞是排在一系列性格特質的首位，而你（以及我）都可以採取實際、具體的步驟——在每一天以及餘下的一生——去建立忠貞性格的穩固基礎，以至獲得我們遇見的每個人更大的信任。

如何成為美麗

1. 深信不疑：我們要認真看待神在任何時候所說的話！神說「才德的婦人」——一位有信心又忠貞的妻子——是可倚靠的。建立這敬虔美麗基石的最好方法，就是將之放在你每天禱告事項的首位。求神改變你的性格。

2.遵守諾言：記得有次在我家中舉行每週的查經小組中，我聽到一些學院女生分享代禱的需要，她們都懇切希望別人可為自己作「一個遵守諾言的婦女」禱告。對我們而言，這也是一個很好的目標，因此，挑戰自己言出必行，承諾了出席的務必出席、遵守約會。

3.貫徹始終：我們遵守吩咐的程度，是量度我們忠心及忠貞的標準。在創世記三章1至6節中，我們看到夏娃因沒有遵守神有關分別善惡樹的吩咐吃了禁果（創二17）後，如何辜負了丈夫和神；她的失腳更導致世界墮落及失去平衡。她的罪（要以自己的方法行事，不以神的方法處事的欲望）破壞了神完美的創造，更因此需要犧牲神的獨生子，才能使我們與神和好（林後十一3；提前二14）。

因此，建立信任的其中一個方法就是遵行你所受的吩咐！不要胡亂猜測吩咐背後的原因，也不要自作聰明，必要時可發問，但最終都是要徹底遵行。若你的丈夫今天不要報紙，就幫他取消吧；若他需要從洗衣店取回衣物就幫他取回；若他要求你換車油，那就幫他換掉吧；若他正在節食，為他預備。因為他知道*你*會根據他對家和家人及財務上的意願而作，*他*的心就可以安然。再者，你的順服，也就是神的性情深藏在你心的明證。

4.澄清疑惑：一位一心要建立丈夫信任的妻子，一日將丈夫的車駛去修理。當那部車接受檢查時，修理技師發現一件「不知名的小零件」需要更換，當技師問這位太太會否換掉這小零件時（「幸好給我們發現了，你也不想在駕駛途中

壞車吧！若現在即時修理，只需一分鐘及多付數元而已——如果我們馬上做的話」），她幾乎要衝口而出說「好！」，但她想起了她的目標，於是她致電丈夫諮詢他的意見，她的丈夫表示他可自行更換那零件，所花也無幾，他最後更多謝她的來電！她感受到丈夫那份感謝的心，一顆因為她先諮詢他的意見而安然的心。她這滿有智慧的行動，不但建立了丈夫對她的信任，也合他的心意，更省回金錢。

所以，有疑惑時便要澄清。致電你的丈夫，參考他的意見，你的目標就是要以*他*的方法處理大小事情，不管他的方法是甚麼。（註：像這樣諮詢丈夫的意見是有智慧的表現，箴言二十八章26節說：「心中自是的，便是愚昧人。」）

5. 負責任：當丈夫和我教導還是青少年的兩個女兒有關負責任及可信賴的功課時，我們堅持只有當她們告訴我們她們的行程，並同意行程有變時會通知我們，我們才會准許她們外出。

我自己作妻子的也是身體力行，我希望丈夫每分鐘都知道我的行蹤。這個目標有時也是一個挑戰，特別是當我要到各處演講的時候。外子通常都會與我同行，但當他不在我身邊，我就會致電、傳真、發電郵，又會留下完整的行程、所有同行者的名字、地點、電話號碼、傳真號碼、航班編號以及飛機升降時間。我會在每個機場——每轉一次機——每個會議地方致電丈夫。我們甚至更有免收費用的號碼，我可以隨時在美國的任何角落拿起電話，隨時致電丈夫；若他不在辦公室或正在開會時，我會對他的祕書說：「請告訴他我在那兒，告訴他我曾來電。」對於我來說，讓丈夫知道我的行蹤是很重要的，即使我外出後回到家中，我也會請祕書小姐轉告外子：「我在家中。」

你的丈夫應該每時每刻都知道你的行蹤，讓他知道你所在之處是表明你願意向他交代，建立他對你的信任和你們之間的關係。再說，在夏娃的故事裏，撒但不是趁夏娃不在丈夫的保護下，在沒有諮詢她丈夫的時候誘騙她嗎（創三1）？

邀請成為美麗

我忠心的朋友、美麗的姊妹，現在是我們將自己的心轉向天父，仰望祂那奇妙的面容的時候。正如我們所討論的，不論神在何時說話，我們也須對神所言的深信不疑。在箴言三十一章11節，神表明了祂期望我們要展現祂其中的一樣特性：祂的信實。你和我可以信任神，因為祂是信實的。信靠神的大衛說：「你是我的磐石」（詩三十一3）。神要求你向你的丈夫活出祂的信實；祂要求你成為你丈夫可信任及倚靠的堅固磐石。

你希望在神眼中看為美麗嗎？你希望在你的生命中活出祂的忠貞及信實嗎？那你便需要祂莫大的恩典、大能、信實和力量，好使你在生命的各個層面均能成為可信賴的人。你需要立定心志成為一位忠於自己的話語（也忠於神的話語），並在日常生活中遵從吩咐的女性。

親愛的姊妹，這一章稱為〈堅固的磐石〉，當你恆久地向你的配偶表現忠貞，你就會成為他（以及其他人）的磐石。生命艱難，充滿了難處，而你的丈夫也肩負了很重的責任，他需要一塊穩固的磐石，讓他的靈魂可以在其上安枕，而你就是這塊磐石！你會給你的丈夫心靈安息嗎？你會提供他殷切所需的磐石嗎？你今天會否就開始讓忠貞這美德，成為你終生追求的目標，讓神改變你成為祂所珍貴的房角石（詩一四四12）嗎？

4

真正的收穫

她的貢獻

「他必不缺少利益」

（箴三十一11）

外子遞過一張日報的財經版給我，對我說：「我想你會對以下的報導感興趣。」（我希望你也有興趣閱讀這一章！）那篇題為〈建立你的財富〉的特稿，提供了以下的建議：

- 留意你的開支狀況
- 減少開支
- 有智慧地購物
- 不要負債（特別是信用咭的債務）
- 儲有足夠六個月開支的金額作不時之需
- 每月都撥出一些金錢作儲蓄或投資用途
- 積極投資[1]

我不禁驚訝！這報導正描述神那美麗婦女已經擁有並已實踐的智慧！作為家庭管理專家，她已經實踐了以上的建議，為家庭的財務狀況作出了有價值的貢獻。

戰利品

神那美麗的婦女，除了擁有各種美德外，她對家庭財務上的貢獻，使她在丈夫及家人眼中看為寶貴。她的丈夫「必不缺少利益」（箴三十一11），因她本身就是益處，永不令人失望的獎賞。讓我解釋一下：

軍事的收穫：「利益」這個詞的意義，源於箴言當時的文化背景。那時候，當一隊軍隊戰勝了對方後，勝利的君王及他的手下都會擄取戰利品，這些戰利品是戰爭的收穫，在當時沒有錢幣的年代，它也代表了財富。

當我在以色列博物館，細心觀察在巴比倫城牆上發現的一幅十五英尺乘五十英尺的陶土浮雕時，我就想起了箴言三十一章。那幅浮雕繪畫了在主前七○一年巴勒斯坦的拉吉城（Lakish）被圍攻的史實（代下三十二9）。浮雕的左邊細緻描劃了當時在城門口及城牆上進行的戰爭，而右邊則繪出了勝利者擄取戰利品的情形，有用來作僕人的男女、好作食物的牲口、金銀珠寶以及衣物。

和平的收穫：然而財富卻不一定要透過冒死的戰爭而獲得，有其他致富的和平手段；一個人固然可以去騙去偷，或可以借債度日；他也可以作一個合約雇員，或長時間在偏遠的地方做工。

個人的回報：在神眼中看為美麗的女士，則會選擇藉她個人對丈夫在財務上的貢獻而使他「必不缺少利益」（11節）。她不想她的丈夫欠缺甚麼，她也不想他迫於無奈地離開自己、孩子及

家庭，冒著生命危險去戰鬥，為要把戰利品帶回家中償還債務或增進個人財富；她更不想他落入不義之財的試探中；因此，她情願以自己的思想及能力去工作，賺取回報、作出貢獻，令她丈夫「不缺少利益」。很明顯，她自己就是利益、財富及回報。

「戰士」

她亦是一位戰士。我們在第一章時已提及「才德」的定義是一支軍隊，這裏重提這個觀念。希伯來文與希臘文用一個生動的比喻，來描述這位婦人，她就如一位大能的戰士，以自己的才幹及能力為她丈夫的領土爭取利益。[2]

這個令人詫異的比喻戲劇性地表達了神那美麗婦女對其丈夫、他的財富與幸福的忠誠。她是一位忠心耿耿的戰士，將自己的生命、能量都奉獻給丈夫和家庭。*她*每天都在家庭的前線作戰，好讓*他*不用參戰，免得他「缺少利益」！

神計劃的美麗

我知道這似乎很世俗、不屬靈、不美麗；但事實上，箴言三十一章10至31節很多處都談到金錢。在這二十二節內神描畫的那美麗婦人清楚讓我們看見，她常常參與管理財務、賺取金錢及增進收入的事。當我讀到這裏時，我奇怪為甚麼金錢管理在神眼中是那麼重要，而當我思想為甚麼時，我就學得一個功課。以下是神看重金錢的一些理由：

神得榮耀：箴言三十一章有關家庭財務即管理、賺取及增加金錢的教導，是神為祂那美麗婦女而設計的。當我們跟從祂的計劃時，祂便得榮耀。

*你的丈夫蒙祝福：*你可以藉管理金錢來服事你的丈夫，使他心裏安然，省回時間。即使你丈夫監管整體的財務，你仍是那位每日持家及管理金錢的人，例如，你可以控制食物上的開支、用優惠券節省金錢、有智慧地購物、自己煮食代替購買製成的食物或外出用膳。

*你的兒女得益：*因為你的兒女親眼看到在神眼中看為美麗的母親如何管理金錢，他們便會大大蒙福。透過觀察你如何管理、賺取及儲蓄金錢，以及把錢送出去（他們會看見我們在教會忠心的奉獻），他們會從中學到很多功課：他們會發展一套健康的金錢觀，了解管家的職分，在財務上有自制的能力，訂立個人的儲蓄計劃，培養管理金錢的技巧。你所立的榜樣是培育他們的生命。

*你的家居得建立：*箴言教導：「智慧婦人建立家室」（箴十四1），以及「房屋因智慧建造」（箴二十四3）。智慧建造的家居有甚麼特徵？「其中充滿各樣美好寶貴的財物」（箴二十四4）。你可如何建立這個家？就是透過精明的財務管理，那麼，你的家將是一個豐足的家、真正的家、甜蜜的家！

*你的性格得長成：*箴言三十一章清楚表明，在神眼中，有智慧地管理金錢是一項美德。神要求我們也要培養另一項與金錢相關的美德——節制。若你想儲蓄，最需要看管的人是你自己！因為決定不花錢就能省回金錢！當你學習忍受缺乏某樣物件、學習說「不」，你就得到豐富的回報：儲蓄上

升、開支下降、銀行戶口有進賬——這一切都會推動你繼續以智慧管理金錢！

我的故事

結婚早期，家庭的財務是由外子負責處理的。他繳交賬項、管理支票簿、保存我們的文件及紀錄。後來他的生活漸趨繁忙，金錢管理就成為擔子。我不喜歡看見他在深夜裏彎著背翻支票簿；我也討厭看到他清早趕著出門前還在匆忙寫支票；我更懼怕他出差前後要面對大堆文件的那些日子；在打掃書桌時，我不敢看那文件堆內究竟有些甚麼！我們的生活就只有匆忙趕到郵局，排隊繳交到期款項，以及面對附加費、過期附加費以及透支等罰款的沮喪。

背誦了箴言三十一章10至31節，以及明白神那美麗婦女的生活後，我發現我可肩負部分的責任，讓丈夫的生活略為輕省。在他的教導下，我學懂了簿記、繳交賬項及銀行運作的基本知識，而我也開始為家庭的財務作出貢獻，我不是說我有了一份工作或定期的收入，而是透過以下我以往及現在實行的方法，在財務上出一分力。就讓我逐一告訴你吧。

- 我準時繳交所有賬項，省回附加費、過期附加費，這為我們的戶口帶來進賬。
- 我們開了一個儲蓄戶口，並簽定了每月從丈夫的糧中扣除一部分自動轉到這戶口。我們減少了去銀行的次數、少了很多文件工作，卻有更多積蓄。
- 我們收到月結單當日即時核對，使我們知道自己的財政狀況，不再會有退票，戶口亦會有更多金錢。

- 支票簿顯示了最新的收支平衡，讓我們準確知道每月每日的財政狀況，沒有過量消費即是儲蓄。

不用多説，當我開始這樣為家庭財務的健康及穩健作出貢獻時，外子可以大大地鬆了下來。我為他省回時間，使他可以將時間更有效地用在家庭及其他事工上。晚上的氣氛可以緩和下來，日間也輕鬆多了。當我們能控制自己的財政狀況時，我們便經歷一絲奇妙的自由的感覺。

但我的貢獻並不限於以上四點，那不過是個開始！當我坐在飛機往返的旅途中，我開始閱讀更多有關有效金錢管理的技巧、原則及方法的書，然後開始學習進深的財務管理，並實行更多節省、增加及管理外子的薪酬的方法。我很認真地看待我在金錢管理上的角色，並且做得出色。你也可以的！

如何成為美麗

我為你禱告，願你不要像我以前那樣，天真無知只會舉手投降說：「我對金錢管理一竅不通，管理財務的事全由我的丈夫負責！」這些字句可能對某些人而言是代表尊重及順服丈夫，但事實上卻是愚昧無知、不成熟及軟弱的表現。

我的禱告是，希望你學會如何增加收入，及在財政上作出貢獻，不管你是已婚還是單身。以下是一些讓自己成為美麗的金錢管家、真正的回報所採取的步驟：

1. 負上財務管理的責任：談到金錢這重要問題，你很可能會寧願依從丈夫的意願。即使你丈夫負責所有財務的文件，你也可明白財務的事情、知道如何處理及如何作出貢獻

(不要忘記店舖的那些優惠券！)。若你先肩負這項神的功課，培育精明的商業頭腦，你便可發掘無數在財務上作出貢獻的方法。

2. 用功閱讀金錢管理的書籍：閱讀及收集有關個人理財的資料，學習別人管理、賺取及儲蓄的方法。作為初學者，你可先實踐在這一章開首時提到那些「建立個人財富」的方法。

3. 諮詢你的丈夫：若你已婚，你應跟從丈夫的帶領（創三 16；弗五 22 ~ 24），他是家庭的頭，你是他的管家及他的經理（提前五 14；多二 5）。所以若你企圖為他代勞，或想要推行任何財務改革，總要先得到他的同意。

當外子還在神學院讀書時，我們幾乎毫無家財，我實行以上三項方法。我開始閱讀有關家庭財政的書籍及文章，其中一篇提到「十五項加增銀行進賬的建議」[3]。我將其中可實行的都付諸行動了，但我也將其他提議與丈夫商量及徵求他的意見，因為那些較為複雜的建議涉及我們兩人的資產，我不會自行決定應否提高汽車保險的減免額、取消舊車的撞車或綜合保險，我相信你已明白何時及如何讓你的丈夫參與了。

4. 實踐金錢管理：設立保存文件的系統，到文具店舖或文儀中心看看有甚麼資源，找一些可以協助你記錄開支的本子，考慮買一套簿記軟件或查詢使用網上銀行服務的可能性，問問銀行有關電腦繳費的服務，安排自動轉賬繳費。（我昨天才跟煤氣公司簽了一項繳費的服務，我開心

得不得了，因為郵箱會少一封賬單、少一張要簽的支票、可省回一個郵票。少一項要掛慮的繳款日期，更省回至少十五分鐘。）

除了收集有關知識或資源，你可能也需要預備一張書桌或一處讓你坐下處理有關財務的地方。在那兒，你可擺放任何有關金錢管理的書籍，進行財務管理事宜，並存放及搜尋重要資料。

一旦你負起這項神所交付的功課，學習更多有關金錢的管理，與丈夫達成協議，決定你的角色（不論*他*決定你的角色如何！），更坐言起行，我可保證，你將會為你的家庭作出重要貢獻！

邀請成為美麗

我知道財務管理並不是很觸目，也不見得可愛，但你在家庭財務上作出的貢獻，神卻看為美麗！

親愛的讀者，這書是關於才德、品格、敬虔及屬靈的美麗。但請記著，實踐屬神美麗的每一步，就是在實際的生活中、在實際的地方（家庭）、並以實際的方法（金錢管理）活出來！

所以，請你再一次翻看箴言三十一章10至31節這些神聖的經文，求神的靈開你的眼睛，看見這美麗婦人的節儉及滿有智慧的金錢管理。對她的丈夫而言，她確實是真正的回報；對神而言，她是一份獻上的禮物，這正是我期望你可成就的！

5

美善的泉源

她的使命

「她一生使丈夫有益無損」

（箴三十一12）

我坐在書桌前，開始寫新的一章，這一章是有關箴言三十一章那位神看為美麗婦人，一生使其丈夫有益無損（12節）。我決定把這一章定名為「美善的泉源」，這靈感是來自放在案頭，我那在微笑的丈夫的兩張照片。這兩張是我替他在隱基底（En-gedi）拍的，那就是舊約的大衛在逃避掃羅王以及他那精選的三千名勇士的時候藏身的地方。（撒上二十三29～二十四2）丈夫在兩張相片中處於同一位置，但兩張相片各有不同的故事。

在第一張相片裏，他站在高約一百英尺的瀑布旁，水不斷傾瀉到一個湛藍的水池內。我們到達這個清泉的那一天，就是我們攀登馬薩他的同一天，又一次艱辛的路程，路上盡是泥濘、污穢、乾燥，以及陡峭難行的山路；沿途也是崎嶇不平、石頭滿佈。事實上，正是因為它滿佈了石頭和洞穴，所以才成為大衛最理想的藏身之處。我們吃力地向上、不斷向上爬，越過及繞過種種石塊的障礙，最終到達目的地——就是這隱基底的活水之泉。「隱基底」的意思是「野山羊的水泉」（如果你想到達那兒的話，你也要做一隻野山羊哩！），又或是「孩子之泉」[1]。這清泉確實為疼痛的眼睛帶來清新怡人的景象，也好給疲乏的雙足作休息之處！

這個終年為瀑布注入水源的清泉，為荒蕪的曠野開闢了一個清涼、叫人平靜得力的綠洲。孩童在其中歡笑、嬉水、玩樂；大人則涉足在泉水中，讓疲乏的雙足鬆弛休息。巨大的石牆，在其蔭下生長青翠茂盛的樹木，成為一天的辛勞、熱氣、口渴過後休憩的好地方。不難想像，這個避難所對大衛是何等重要！小小的清泉，為他提供了安全的棲身之所及生命的保障。當大衛描述神是他的「巖石及山寨」（詩三十一3）、「比我高的磐石」（詩六十一2）時，他很有可能正注目著在這泉水附近的石塊。

現在，讓我告訴你另一張照片的故事吧。外子站在同一位置，但卻是一百八十度的轉身。照片中的背景是死海，海的偌大，連我照相機的鏡頭也無法涵蓋：它長四十九英里、寬十英里、深一千三百英尺，它的水是由約旦河流入的，每天注入六百萬加侖的清水。由於死海是鹽湖，所以它的水實際上是沒有用途的，就如古語所言：「這裏是水，那裏是水，沒有一滴可飲的水！」置身在乾燥的沙漠地帶，欠缺水源的地帶，死海真是一無是處的！死海的水是那麼的多、那麼澄藍、那麼吸引，但會傷害凡飲用的人！那是名副其實的死海——死亡的海！

美善的心靈

現在讓我們回到在神眼中看為美麗，箴言三十一章10至31節所提及的那位婦女身上。那位忠誠、自己又身體力行活出屬神美麗的母親，正教導她的小王子要知道作妻子的應有條件。她向其兒子展示一幅又一幅神視為美麗的婦女的圖畫，好讓他一旦遇見時便能馬上認出來。

這裏展示的另一幅圖畫——第12節的肖像——令我們直接窺見神那美麗婦女的心靈，她的心靈是那麼潔淨、純潔、可愛，她的心是美善的心靈！在這個自私——以自我、自大、自尊、追求自我形象及自我推崇的世代而言，遇到這樣一個無私的美善泉源，確是令人振奮的。難怪她在神眼中看為美善！但她美善的心靈又顯示了甚麼？

滿載良善：箴言三十一章12節告訴我們：「她一生使丈夫有益」，神那美麗的婦人，致力為丈夫帶來種種好處。她生存是為了愛他，所以會善用每一個機會為丈夫作出好處。她妥善管理自己的生活及他的家居，使丈夫時常得著益處。[2]她每清晨的禱告都是為她丈夫的好處——她愛他、服事他、尊敬他、令他進步、寵愛他及令他生活舒適。她決不是要求回報、注意或讚美，因為她知道遵從神的吩咐使丈夫得益，這帶給她的回報已是相當可觀了。

她的美善是從何而來的呢？她何以可以終生持守這種施予的精神？首先，作為神美麗的婦女，這些優點原是神賜給她的品格的一部分。作美善的事是她的本件；不管是哪類善事，總之作美善的事就是她的天性！再者，她是敬畏主的婦女（箴三十一30），主呼召她要使丈夫有益無損。她認真實行從神領受的使命，成為她婚姻中美善的泉源，因為她在*天上的主*，命定了她要以美善服事她在*地上的主*——她的丈夫（箴三十一12），她亦因為使丈夫有益無損而得著無上的快樂，並且是「從心裏作的，像是給主作的〔她在天上的主〕，不是給人作的〔她在地上的丈夫〕」（西三23）。

拒絕邪惡：「她一生使丈夫有益*無損*」（箴三十一12）。作為一個墮落了的受造物（詩十四1；羅三12、23），箴言三十一章那位神看為美麗的婦女，跟你我一樣也會面對犯罪的引誘，但靠著神的恩典，她堅強地抵抗引誘。每當被試探要自私、不滿、憤怒、反對或不同意時，她堅強地抵擋邪惡，而選擇順從神的計劃，令她丈夫有益無損。就如一位男士所指出：「男人在世的掙扎已經夠他受的了，若遇上不了解他，不支持他的妻子，那可真是額外的重擔。」[3]

終生的影響：箴言三十一章的妻子使丈夫有益無損，那是她一生都帶有的特質（12節）。那是神給她那使命的時間表：許下要「終生」使丈夫的生命充滿美善和益處！她要嚴肅而認真地實踐她對丈夫許下的誓言「直至死亡把我們分隔為止」。作為摯愛丈夫美善的泉源是她終生的呼召，不論在今天、明天、二十年後、五十年後，直至配偶死的那天，她仍要那麼溫婉及穩定。疾病、貧窮、年老以及錯誤都不會影響她使丈夫有益無損的承諾。

美善的例子

我閱讀考門夫人（Mrs. Charles E. Cowman）的《荒漠甘泉》[4]經年，也極其享受它每天帶給我們的祝福，然而，我一直不明白她那帶有力量的安慰説話是從何而來的。後來我知道她的故事，才明白這些希望與安慰的説話是如何及為何形成。

考門先生（Charles Cowman）是遠東傳道會（Oriental Missionary Society）的創辦人。當他在日本為期五年的福音工作接近尾聲時，他對妻子說：「我晚上經常有這種心絞痛。」即使有肉體上的痛苦，考門先生總算完成了是次的福音行動，然後他回美國去休養。不幸心臟病突發，又遇著中風，他整個人都癱瘓了。他在那受著重病煎熬的日子裏，就如幽暗的晚上沒有星宿一樣，共六年之久。

為克服這種消沉及沮喪，考門夫人決心要用神的應許作為抗生素，她收集無數的書籍及雜誌，從中尋找可鼓勵他倆的說話，將這些說話讀給在病榻中的丈夫聽。在痛苦幽暗裏，她不斷在神那豐富應許的寶藏中發掘希望，與她摯愛的丈夫分享。透過聖經的話，她找到他倆殷切所需在屬靈上的力量與安慰。[5]

親愛的讀者，考門夫人不但是丈夫靈魂上的堅固磐石，也是陪伴他的美善泉源，直至他離世的那一天。丈夫健壯時，她是他在日本的助手；但在丈夫臥病期間，她對他及對神仍忠貞如故，以六年的時間，給她摯愛卻在病榻中的丈夫帶來屬靈的慰藉。在那些黑暗的年月裏，她兼管他的家庭、財務、宣教的組織，同時也以真理餵養丈夫的靈魂。

我禱告，願你被這位美麗女士的力量所感動。我深信你已開始明白，那位在神眼中看為美麗的婦女的生命。她是溫柔的，也是堅強的（就如軍人）；她是磐石，也是泉源。在神的推動下，由一顆滿載神美善的心的支持下，她忍耐著，貫徹始終，完成工作。她承擔了神的使命，「讓丈夫得益」（箴三十一12）；她認真肩負了這個使命，忠心耿耿完成任務。

我不知道考門夫人的外貌如何，但你我都認識她的心靈；我不知道她身材如何，但我們都知道她那忍耐、服事及對丈夫忠心不渝的力量。就如神所有美麗的婦女一樣，她「一生」活出神的計劃，成為丈夫美善的泉源。就考門夫人的例子來說，她的生命確實如沙漠的水泉。

如何成為美麗

你可如何實踐使你丈夫重新得力這終生的使命？

1. 提防美善的敵人：「她一生使丈夫有益無損」（箴三十一 12），在這一節竟同時出現「益」與「損」！它們是強烈對比的行為，一種是那麼美好，另一種卻是那麼可怕。很明顯，妻子可以使丈夫有損是事實，不然，神也不會提及了；事實上，聖經裏也有很多這類的例子，看看以下不能成為其丈夫美善泉源的婦女：

- 夏娃被造時原是為作亞當的賢內助，但她卻邀請亞當一同犯罪（創二 18，三 6）。
- 所羅門的妻子與妃嬪令他遠離了神（王上十一 4）。
- 耶洗別慫恿丈夫亞哈犯了最可憎惡的事，信從偶像（王上二十一 25）。
- 約伯的妻子叫約伯「棄掉神及死了罷」（伯二 9）。
- 利伯加故意欺騙丈夫雅各（創二十七章）。
- 米甲輕視丈夫大衛（撒下六 16）。

是甚麼具關鍵性的問題引致婚姻中的種種混亂？首先，*愛比較的傾向*會使我們走上黑暗的道路（林後十12）。我知道跟別人比較自己的丈夫、生活、婚姻及財政狀況（要比較的項目可以沒完沒了）是何等容易；比較，以及妄想、夢想及幻想（這些肯定都會以失望而終的），很容易使我在跟隨神為我設定的那美善使命的路途上改變了我的心，我其實應當專注於神對*我*生命的計劃，對*我*丈夫的計劃，在神所命定的*我*的處境下。

何不在這裏稍停一刻，為你的丈夫，以及神給你安排的道路感謝祂？當你禱告時，立志處理你愛比較的傾向，同時也決定要更多稱讚你的丈夫，感謝他為你的好處而作出的努力。

讓不滿滋長及生根，也是另一個助長邪惡產生的原因。容許不滿的存在（即使只是開始萌芽），不論是對丈夫不滿、對我們的環境不滿，都會引起問題，最終會傷害到其他人，特別是與我們最親密的人，特別是我們的丈夫及我們的孩子（來十二15）。

所以，讓我們再一次禱告，把注意力轉到神的身上，為我們生命中的大小事情感謝祂，存著感恩的心仰望神——而不是我們的丈夫或我們的現狀——是抵擋不滿生長的武器。試試吧！你會發現你不能同時又感恩又不滿的！

最後，*小心下墜的靈性*。婚姻的問題可以是靈性出了問題的指標。與神保持密切的關係——藉著祂的話語、禱告及行在祂的恩典中——以此充滿我們的心，叫這一切成為我們所盼望的美善泉源。以下的禱告是我們緊靠神，以及讓親愛的丈夫生活充滿美善的重要橋樑。（只是性別不同而已！）

求讓我親近我的丈夫，但讓我靠緊祢比靠他更多；

求讓我了解我的丈夫，但讓我了解祢，比了解他更多；

求讓我能以一顆完全的心，全心全意地愛我的丈夫，
但讓我愛祢比愛他更多，並勝過愛一切。
願每時每刻我與丈夫沒有隔膜，我們與祢之間也都
沒有隔膜；
讓我們經常可以在一起，但讓我們也可分開與祢獨處。
而當我們互相擁抱的時候，神啊，求祢叫我們與祢
的胸懷接近。[6]

請讓以上的禱告成為你的禱告，讓神的大愛充滿你的心直至滿溢，成為美麗的泉源，流向你丈夫的生命。我邀請你經常作以上的禱告。

2. 跟從神的計劃：當我們計劃及實踐美善時，我們便會得著能力去實踐婚姻內神那美善的使命。

- ***計劃多作善工：***箴言這樣說：「*謀惡的*，豈非走入迷途麼？*謀善的*，必得慈愛和誠實」(箴十四22)。我教會一位到訪傳道人與我們分享這節時談到策劃殺害六百萬猶太人的納粹領袖希特拉。他指出，希特拉心中謀惡，所以他策劃惡行就如一位新娘子細心地籌辦自己的婚禮一樣。你在計劃甚麼？你與我均可選擇策劃善或惡，但作為神美麗的婦女，我們被召是為行善的！因此，今天（及以後的每一天）就以此為目標吧：決心使你丈夫在一整天的生活中有益無損。
- ***實踐你的計劃：***不要只滿足於計劃作善行，要將自己

的目標貫徹始終，實踐計劃，希望以下的清單有助你那美善的泉源迸發湧流出來。

美善的清單

一　不斷為丈夫的靈性打氣，不要像約伯的妻子（伯二9），叫丈夫對神的計劃失去信心。

二　稱許他的名。每當你談論丈夫時，都要讓「仁慈的法則」（箴三十一26）管理你的言語。

三　控制你的開支，時刻留意家庭的財政狀況。

四　教導、養育以及訓練你的孩子。箴言三十一章是一位敬虔母親對其兒子的忠心教導。

五　支持他的夢想，催化及促進他個人的期望。

六　跟從他的領導。夏娃因為沒有跟從丈夫，而傷了他的心靈，以及全世界人的心靈。

七　給你丈夫一個開心的家，不要如箴言十九章13節那位爭吵不休的婦人那樣。

八　經常性地展示出穩定、可預測以及平穩的脾性，不要反覆無常。

九　盡情地讚美他。*良言能令沉重的心歡樂*（箴十二25），讓你的嘴唇成為良言的泉源吧！

十　與他同享性事的樂趣，常常令他的心歡暢、滿足他（箴五18～19）。

十一　保持自己的靈命成長，經常尋求神是令丈夫得益的最佳途徑。

十二　不要看別人所擁有的，滿足於丈夫為你提供的一切並為之歡喜。

十三　以禱告作為服事丈夫的一部分，再沒有甚麼比心靈更能創造美善的泉源了。

十四　現在，就用你的手及心完成這美善的清單吧！每天都參考這清單，最重要的是實踐它！

這裏有一個附註。我知道箴言三十一章12節所指的丈夫是指向第11節的那位丈夫，使這些教導的應用落在已婚的婦人身上。但箴言三十一章10至31節的每一個小節，除指向已婚女士之外，也同樣用來描述單身女士。請記得，在聆聽母親教誨的那位年輕男士仍然未婚，他會在芸芸未婚的女士中尋找這一切的美德！很明顯，我們要成為不斷湧流的美善泉源，這是神對屬祂的一切婦女的目的——不管是已婚的或未婚的！

邀請成為美麗

現在，我美麗的朋友，你可否仰望神那雙充滿慈愛及智慧的眼睛，並選擇使你至愛的丈夫有益（而無損）？縱使他現在並不是很可愛，你仍然須要成為他得力的美善之泉，因為你的丈夫是神至高計劃的一部分，祂要使你變得更加美麗；這個成長可能意味著伸展及擴張，更肯定意味著須要倚重神的恩典。但請你明白，若你跟隨神的計劃追求更完全的美麗時，就有莫大的祝福等著你。

因此，不管你的婚姻生活如何，請緊記，神要你一生使丈夫有益無損。當你從主那裏支取力量時，祂的能力（詩六十二7）、祂的心（林前二16）要托著你，而信實的主也要親自充滿你那美善之泉，直至滿溢。

6

喜樂的泉源

她的心

「她尋找羊羢和麻，甘心用手作工」

（箴三十一13）

此刻，請跟我和外子一同走過耶路撒冷舊城的街道吧。但這旅程談不上愉快(冒險性？有；教育性？有；娛樂性？沒有！)，因為我們的五官都被不同的景象、聲音……以及不同的氣味所侵襲！

到處都是人羣，匆忙的購物人士推擠著我們，商人和小販爭相向路過的我倆叫嚷拉扯；用來運輸及送貨的牲口發出不同的聲音，更遺下新的景觀及氣味！在層層的蒼蠅下覆蓋著的生肉，混和著中午的熱氣而發出臭氣；蔬果也開始變黃，並發出濃烈的異味。

在這人頭湧湧的地方，無數架接載遊客的公共汽車正噴出廢氣，垃圾車也混雜在柴油廢氣裏，重建工程的地盤傳來陣陣嘈雜的聲音。再加上酷熱的中午、無情的太陽、難以想像的口渴——你可以感覺到我們的經驗了吧？眼前實在令人透不過氣來！

舊城的街道上，排列成行的是一道道緊鎖的門，導遊先生領我們經過其中一道門，我們便即時進入了樂園裏。突然間，只在一秒之間，我們便置身一個圍了圍牆的家庭後院，院內有個小花園，以及一小撮茂密而翠綠的草；攀種在牆上，在幾株橄欖樹及棕樹的蔭護下生長的葡萄正在開花。第二層的是三面設計、呈U字型的閣樓（令我想起箴言九章1節的家），它由七根柱子托著，其優美的拱形為通道投下護蔭。在這可愛環境的中央是一個噴泉！試想像一下，經過塵垢滿天及熱氣騰騰的街道後，進入了清涼、蔭庇、有水、有草以及綠油油的環境！經過熙來攘往的人羣、販商以及動物的喧鬧後，進到一片寧靜當中！是的，那確實是天堂！

但我想告訴你更多關於那噴泉的事，根據古代的建築傳統上，整座房子包括陽台、花園，以及走廊都是環繞噴泉而建的。[1]噴泉上跳躍著的水珠所發出的美妙樂聲，是我們惟一聽到的聲音。其潺潺樂聲、不斷湧流的小水柱，就儼如對我們說：「歡迎到訪！這裏照顧周到，滿足你的需要！」

親愛的讀者，當我想起這噴泉，我就想起你與我。作為神美麗的婦女，你與我都要成為家庭喜樂的泉源、家庭美麗的核心、以及生發美麗的樞杻。箴言三十一章全是有關如何成為一個喜樂的泉源的：成為別人生命的泉源、愛的泉源、滋養的泉源。這就是我祈求的理由，我祈求：我們每一個都充滿喜樂的動力，帶著一顆喜樂的心，作忠心又勤奮的工人，樂意、熱衷及長久地令家人幸福。

甘心的工人

任何成功企業最重要的元素就是勤奮，在管理家庭上那尤其重要。在這一節，那聰慧的母親描述了神理想的婦女對勤奮應持有的態度：「她*甘心*用手作工」（箴三十一13）。

她兒子的太太，應是一位甘心的工人、一位勤奮及愉快地處理事情的女子。她確實是「樂意地用雙手作工」，[2]她「雙手跟隨愉快的心靈勤快地工作」。[3]

這位勤勞婦人實際上在作些甚麼工呢？紡織是這位婦女的主要工作（13、18、19、21、24節）。古代的猶太婦女需要為家人製作衣物，[4]而羊羢和麻就是紡織的兩種基本原料。因此，她帶著動力和熱誠去「尋找羊羢和麻」（箴三十一13）。她先收集了這些未經處理的原料，然後，神美麗的婦女便開始整個製作過程。她由原料開始，完工時便是可穿上的衣物：經過挑選、購買、加工、漂染、紡線、織布的過程，最後製成衣物。箴言三十一章13節指出，她是用甘心的手及喜樂的心完成這一切工作的！

在以色列的歷史裏，人們穿著的衣物大部分都是由羊毛製成的，在這區常見的大外衣，需要這類較重而又保暖的纖維。那些願意作這些工的人（神美麗的婦女正是這樣的一位！）會先把羊毛染色。 憑著她精明的眼睛以及熟練的雙手，她手下的線轉為光亮的紅（21節）、黃、紫（22節）以及血紅色，然後，以她具創意的頭腦及雙手把線織成布，最後製成衣服。穿上這麼鮮艷的顏色，在這乾旱的地方，她家人的衣物更顯得觸目出眾了。[5]

箴言三十一章的婦人也會用麻造衣服。她會用這纖細的植物紡成線，但先要經過採集、挑選、擠扭、漂白的程序，然後才能織成幼細的麻布，用來作內衣、上身長袍和睡袍（24節）。處理麻料需要經過繁複的工序如：曬乾、去皮、擢打、梳理，最後才紡成線。事實上，麻愈是擢打得多，其表面就愈光滑。[6]但在這位喜樂又甘心的工人而言，沒有工序是太難的，她是我們的典範！

美麗的工人

很多婦女作家庭雜務，是因為她們沒得選擇，或是因為丈夫的期望或要求，但在神眼中看為美麗的婦女，卻全心全意地投入她的工作，就如在那花園中央的水泉，她是家庭的中心點，當她工作時，她會愉快地唱歌、哼歌，甚或吹口哨，因為她喜歡她的工作。她確實活出了神的吩咐：「凡你手所當作的事要盡力去作」（傳九10）。她不但沒有埋怨在生活上的種種要求，反之，她在自己的工作中尋找樂趣，為我們建立了一個值得仿效的模範。她以熱心、熱誠以及享受的態度，將自己的心放在工作上；她全然投身，不但作工，更是帶著喜樂的心樂意地去作！

那美麗婦人的內心是喜樂的泉源。她充滿著對神的愛（30節），對家人的愛（28、29節），以及對家的愛（27節）。因著她心中的愛，能量、勤奮、喜樂和創造力從她的生命溢出。她的甘心改變她處理世俗雜務的方法，心裏強烈的喜樂讓她雙手有力甘心作工。

有些學者將13節作如此翻譯：箴言三十一章的婦人以愉快的雙手工作，以甘心的手工作，以快樂的手工作，以順服神的手工作！[7]我喜歡這些學者的思想及其反映的態度。而我希望你可明白整幅圖畫。她那喜樂的心、忙碌的手，使所觸及的一切都變得美麗。[8]

如何成為美麗

當我想到神美麗的婦女，她在工作上顯出的獨特表現，她那無窮的精力、洋溢於面的喜樂時，我也想擁有呢！當我處理手上的工作時，我也要擁有那種動力與喜樂！我肯定你也有同樣的想法。過去多年來，我嘗試利用「態度助手」來幫助我，那除了幫助我完成更多工作外，更讓我甘心及以喜樂的心工作。我希望這些意見可助你那喜樂之泉滾動及湧流！

1. 天天禱告：為你要服事的人及為自己禱告，特別為你的工作態度禱告。因為神是聽禱告及會回應的，所以祈禱能改變事情，我們的主能將你的心轉化為喜樂的泉源。事實上，禱告能助你從神的角度看事情，使家中的工作，從屬肉體的領域提升至屬靈的層面（參西三23以及下面第三點）。

2. 背誦經文：從神的話語中列出一些能鼓勵你愉快工作的經文。我最愛的是詩篇一一八篇24節：「這是耶和華所定的日子，我們在其中要高興歡喜。」當我們有這些經文在心中、在工作時背誦，我們就會發現我們可「在主裏常常喜樂」（腓四4）。

3. 為主而作：當發生了一些令人不能忍受的事情，而我的觀點變得偏執時，歌羅西書三章23節就成為我的拯救：「無論作甚麼，都要從心裏作，*像是給主作的，不是給人作的*」。我一定要緊記，不論作*甚麼*、為*誰*而作及為*何*要作的對象都是神自己！這為我空洞的心靈重新注入喜樂。

4. 處事態度：當你面對每項事務時，要刻意選擇一種有動力、有創意及喜樂的處理方式。

滿有動力：不論你肩負了甚麼家庭雜務，面對這挑戰，總要「盡力去作」(傳九10) ！這正是尼希米與以色列人重建城牆的態度(尼二章)，「專心作工」(四6) ！他們是為使命而作！你亦然！

滿有創意：科多馬(Thomas Kinkade)是著名的「繪光專家」，他創作每幅新作時都會以創意的心處理。這套處理手法是他還在求學時期，在汽油站工作時發展的。聽聽他說：

> 工作呆板、工作時間不穩定、薪酬微薄。環境是幽暗的、客人也是暴躁的，但我卻仍然可在這工作上尋找樂趣。我觀看無數在此進出的人，在腦子裏為他們編寫故事，然後從記憶中將他們繪畫出來；我又與自己競賽，看看自己更換或調校汽泵的速度。我因服事客人、幫助他們度過一天而感快樂。[9]

你認識科多馬是位創意藝術家，但他明顯也是一位具創意又有愛心的工人！

滿有喜樂：就如神美麗婦女的心是喜樂的泉源，你也可以如此，而實在也應該如此。有時當我讀到這一節有關喜樂的心時，我會妒忌。我想要她的喜樂、她甘心工作的態度、她視自己的工作為愛的表現，從中發掘樂趣的心態。我認為她快樂的關鍵是因為她期待她的工作，而不看為可怕；她視工作為挑戰，而不是沉悶枯燥的。她這樂觀積極的觀點，不但是發自她對家庭的愛，也是因為她早已慣常地視生活每一要求為喜樂，並決心要完成它、妥善處理它，為神而作，並享受工作箇中的樂趣！

5. 尋找益處：薛飛夫人學會如何從每天為丈夫預備下午茶一事中看見好處。我很喜歡她的思想，以下是她處理這事的態度，並在其中找到的益處：

> 首先，我靜靜地對主說：「多謝祢，因為我*實際上*是在服事祢。多謝祢向我們表明，為別人所作的其實就是為祢而作。」
>
> 然後，我會想起類似以下的說話：「現在我的丈夫真正需要這下午茶提提神、加點血糖、也好補充營養，幫助他應付下一個工作。」
>
> 第三，然後，當我拾級而上，我會想：「誰要修腰？現在我正在練習上落梯級的健康舞呢。」[10]

薛飛夫人在服事別人時尋找她可得的好處，這樣做可減輕你的工作擔子(以及我的擔子)，就如減輕她的擔子一樣。

6. 暫停及休息：好好休息並沒有甚麼不對。神曾警告要逃避閒散(箴三十一27)以及懶惰的生活方式(箴二十一25)，但祂卻從沒因我們肉體需要休息而責備我們。因此，當有需要時，停下來在主裏重新得力吧（賽四十31）。若對你的工作有幫助的話，可每天安排午睡或小休。

7. 注重食物：有一年當我讀聖經時，我特別留意提到有關食物的經文。我發現在聖經中，食物是一個重要的課題。我們吃的對我們也是重要的。一個適宜的標準就是為能量及健康而吃；要看看你自己能否達到這目標，你可以嘗試注意

自己的能量水平：你所吃的令你充滿能量，還是令人昏昏欲睡？有沒有經歷過在日間疲乏的時候？何時——以及為甚麼？帶著甘心、愉快、喜樂、充滿動力的心去作神的工，是需要體力的，要確定你吃的是身體所需。

8. 珍惜每一天：我攀爬馬薩他時每次只前進一步，這也是你與我的步伐，就這樣我們可以逐漸達到神那美麗婦女的標準。箴言三十一章的婦人享受兒女和丈夫的讚美所帶來的祝福（28～31節），但她所得的讚美，是透過每天甘心工作、每次完成一項事務而賺得的。而我們每天的生活，就是邁向她那出眾表現、賺取讚美的一步。

那你今天可作甚麼呢？你會如何生活呢？你與神緊密同行嗎？要明白神會用這二十四個小時，將你模造成祂期望你要變成的模樣。在神的經濟論裏沒有浪費的事，所以祂肯定不會讓這一天白過的——不管今天發生甚麼事！

邀請成為美麗

知道你與我都能為家人提供一份無人能及的禮物——一顆喜樂的心——這是何等的祝福！你喜樂的心靈能幫助這個家和其中的人，以及完成家中的工作。

這樣的心甚至能幫助你從家務中找到喜樂，因為，你以喜樂的心所作的每項事務，都會大大祝福你所愛及服事的人。當你以喜樂的心服事時，你會令疲乏的靈魂及受傷的心靈重新得力。就如在塵垢滿天、乾燥沙漠街道上的清泉一樣，一顆充滿著神愛的心，可幫助生命及促進健康。而且，親愛的讀者，不管你知道與否，你的心靈態度決定了你享受工作的程度，以及你家庭的氣氛。若你選擇以喜樂愉快的心工作，對所有人而言，你會成為一個美麗的喜樂泉源、一個充滿神賜的喜樂的泉源！

7

企業精神

她的供應

「她好像商船從遠方運糧來」

（箴三十一14）

某個聖誕節，外子所教主日學的長者班其中一位同學，邀請我倆到她家中參加一個特別的假日聚會。聚會中，每位賓客輪流分享他們年幼時的聖誕回憶，我們的女主人也分享了她的故事。她描述了在她成長的國家的傳統：在平安夜，城中富有人家會打開窗簾，讓其他人可以將臉貼近窗戶玻璃，窺視屋內的裝飾及佈置。我們這位朋友，童年時不知多少個平安夜都站到窗前，透過一塊塊的斜角玻璃，窺探屋內的傢俬、裝飾、聖誕樹及食物。一年只有在平安夜這一晚，她才可以透過玻璃窗，看到屋內的佈置，並羨慕那些在屋內居住的富人。

當你與我一同細察神那美麗的婦人如何為她的至愛供應所需，我感覺就像祂准許我們將臉貼近這美麗婦人家居的窗戶，透過祂的話語，祂給我們看見她的企業精神，並看見這精神如何影響她愛家人的方式。她的家具備每項我們可想像的美麗及必需品。神那美麗的婦人，盡她的力量為所愛的家人供應最好的。

冒險精神

箴言三十一章14節說：「她好像商船」，這比喻驟眼看來似乎不大吸引。但請想一下，這位在神眼中看為美麗的女士與一艘商船的共通之處，相信這並不難想像的。例如，她在市場中努力搜羅一些可提高她家人生活素質的物品。為著她家人的好處，她從不吝嗇金錢、時間或力量。

第14節繼續說：「從遠方運糧來」。箴言三十一章的女士很樂意為她的家人花費精力，從世界各地搜羅特別的物品，它們真正是從遠方運來的，只需看看以下的運送過程便一目了然！

商船：自從主前二四〇〇年開始，已有商船在埃及和腓尼基之間往來。商人會在地中海沿岸的每個港口停泊，進行以貨易物的交易。歷代志下九章21節告訴我們，商船來回一周需時三年。

供應：長期等候的回報就是為家人帶來外地奇特的貨品。這些曾航行至他施（現今的西班牙）的商船，會為自己的家鄉帶回金銀、象牙和猿猴（代下九21）。香柏木則由黎巴嫩輸出；染料由推羅運來；香料、果仁、香油以及穀物則由埃及出口；希臘則為國際市場提供了油、酒、蜜以及珍貴的陶器。所有的羊毛製品、藝術品、手工藝，以及珍貴的珠寶都是透過沙漠的商旅或行經運河及河流的船隻，轉運到陸上的港口，然後再上載商船。

超級公路：送到港口的貨物，會由商旅帶到內陸城市。事實上，在我們那美麗婦女的家鄉，商旅是絡繹不絕的。在

歷史上，以色列是中東主要貿易通道的交匯處；當我在以色列時，也曾到過王道（King's Highway）及主要幹線（Great Trunk Road），這兩條令這應許之地成為世界貿易中心的重要公路。

*店舖：*最後，經過商船及商旅的運送，世界各地的物件就送到各個大小不同、林林總總、風格各異的小商店。固定的商店在廣場或街道開設，在中心地帶形成了市集或商場。在城門附近及街道旁，也有以布篷架起的流動攤檔；每當駱駝商旅從遠至南方的示巴（即現時的伊朗）或遠至東方的巴比倫和印度回來，駱駝一跪下卸貨，市集就即時形成。想像一下乾貨、雜糧、錫器用品、皮具、糖果以及其他罕見的貨品由駱駝帶進村莊街道時的熱鬧情況。

肩負使命的精神

現在，讓我們仔細看看箴言三十一章的美麗婦人，她怎樣像這些商船，負起由遠方載來貨品的使命。*她的家人*是她從各方及遠處搜羅貨物的主因，她要她的家人得飽足、家居佈置美觀，她認為她的家人是配得最好的貨品的，因此，在心中的愛推動下，她願意多走數里路（事實亦然！），以求為家人提供最好的。

但箴言三十一章的美麗婦人也受創意的推動，她是位藝術家！讓我給你舉個例子：因她家中沒有冰箱，她每天都要購買三餐所需的食物及配料，這個責任可以是很悶人的，但到外來貨物充斥的市集，則可滿足她的想像力（並滿足她的家人），也讓她在日常生活中發揮創意。在那些店舖裏，她可發掘顏色、美麗……各式各樣獨特及珍貴的物品，這些經驗可刺激她在預備食譜、紡織及家居工作上更有創意，對她而言，日常刻板的工作也可變成滿有創意的經歷。

滿足的精神

這本書是有關神眼中的美麗，而我們這時候卻在談逛街購物！？但請認清，這位在神眼中看為美麗的女性，她的企業精神令她與眾不同；她像商船一樣，每天揚帆出海，不斷尋找、尋覓、尋求，一心要獲取她想要為家人預備的物件。因她愛她所關心的人，故她願意以無窮的動力及熱誠，肩負她的使命，到熟悉又方便的鄰近市場以外的地方探索，她啟航到城內最遠的角落，載滿家人所需的物品回來。因為她願意努力，這位持家之人會因著為家人提供了最好的物品而享受到滿足感：

- 因為她為家人預備營養的食物，她的家人都健壯。
- 因為她要為家人提供最好的必需品，她尋找、議價、以物易物，所以節省了金錢。
- 因為她將遠方外地的物品帶回家中時，也將在購物時所聽到的故事及所收集的資料帶回，所以不同的文化也一併進入她的家中。
- 種類繁多的食物和家具，令她家人生活多姿多采。
- 因她精明的眼光，堅持優質的選擇，令她的家人可享用高素質的物品。
- 家人的靈魂從美麗得到滿足、得到照顧及滿有活力。

如何成為美麗

到了現在，你和我已經知道，在這一章裏神向我們展示的企業精神，是需要付代價的。一艘商船不會自然地啟航或自動揚帆出海，劃破巨浪！對箴言三十一章的婦女而言，這美麗是要付代價的（對我們亦然），在她那充實繁忙的生活、無窮的精力及成就的激勵下，讓我們看看在神的恩典中，你可如何培育此企業精神，然後自我起航。

1. 一顆愛的心應居首要的位置。若沒有愛，我們就算不得甚麼（林前十三2），我也要補充，沒有愛，我們也會欠缺動力！因此⋯⋯

祈禱。求神顯示及醫治你心中任何攔阻你願意肩負妻子、母親及持家之人的角色的東西。

家庭為首。即使你不能經常如願留在家中，你也要珍惜你的家及在內中居住的人。你的家庭——不是你的工作或專業、興趣或義務工作——應佔據你心中的第一位！

與其他婦女共聚。聽聽其他婦女如何以心中的愛，談論她們的丈夫、孩子及家庭（多二3～5），你會發覺她們的熱誠是深具感染力的。

2. 美的異象會令企業精神如虎添翼。神的美麗婦女欣賞美麗，以及在被美麗觸動的人身上所成就的事工。作為一具創意的個體，培育你個人美的異象，並將你的美麗以個人的方式流露於家中。

讓美麗環繞你。偉大的印象藝術家馬蒂斯（Henri Matisse）晚年臥病在牀，他吩咐人將很多外地的植物及色彩

斑爛的鸚鵡帶進他的臥房，這些動植物給他靈感，刺激了他晚年在病榻上的藝術創作。受到馬蒂斯的影響，我將辦公室的牆油上了紅色，將心愛的照片及油畫掛在牆上，並以飾物佈置（一個附有世界著名藝術品圖片的年曆、一個蓓蕾狀的水晶花瓶，內放一枝新鮮的玫瑰花、姨母從德克薩斯州西部草原帶來的石塊，以及幼貓在籃子內捲曲而睡的畫像），這些都令我更有創意。在可愛的環境裏生活，會令我生出可愛的東西，我的辦公室就給了我一個樂意寫作的地方。

實踐美的異象。花點時間與創造美麗的人一起共處，翻看雜誌，到禮品店逛逛，參加家居展覽等。沿途上留心察看那些你遇見的可愛之物，並從中學習，最後，讓你家居的裝飾及佈置成為你表達美的途徑。

我清楚記得，某次我探訪一位有美的異象的婦女，那次探訪改變了我。當我站在她家居的門前，看到她為歡迎家人回來及我的到訪所擺設安排的美麗時，我在想：「她真是位藝術家！」我即時的印象不是在想花了的金錢，我也沒想過：「看她買來的大堆東西！」反之，我被她一手細意安排的物件所吸引了，譬如把祖母手織的可愛墊子放在椅子的扶手上，她又擺放了一片在沙灘上拾獲的貝殼、一盞低垂的吊燈，照著細小的枱以及在其上的羊齒科植物；她也捲起了部分的窗簾，讓那些排列在門廊上，綻放著美麗非洲百合的花盆跟室內的佈置互相輝映。她的窗戶清潔明淨。這位有美的異象的婦女，只是簡單地把她所有的加點創意，便將腐朽化為神奇。

3. 神吩咐我們要愛我們的家，就在日常實際的生活中，這給我們一個企業精神的方向。

從基本需要開始。衣、食、住是每個人的基本需要。就如一位作者問：「你是否太過疲累，不願燒飯或打理家居，總是想出外用膳？」[1] 抑或你樂此不疲地為家人提供所需？

做一個聰明的顧客。注意節省金錢、搜羅優惠品、細心考慮每項購物的決定（箴三十一16），避免衝動地胡亂購物；要明白自己所需及不需要的，要知道何謂素質、甚麼不是素質——以及如何說不！緊記金錢管理的其中要訣：不花錢就是省錢！有時我透過不上街購物而說不；有時透過按價目表訂購貨品而說不，免卻在店舖或商場蹓躂的時間及引誘；有時我則在付款前，再看看自己的購物籃內有甚麼可以剔除的東西，然後我在腦海中計算省回的金額。

尋找出類拔萃的。可以稍作等候、走遠一點，直至你覓得一些基本但又獨特的貨品。箴言三十一章的婦女雖在市內的市集購物，但她卻是選購奇特不凡的物品！因為她是藝術家，她有選取不凡之物的獨特眼光。她享受尋找那些奇特、外地進口，及一些會帶給家人及朋友驚喜，叫他們稱羨的物品——那正是她企業精神的回報！

考慮以物易物。列出你的技能，然後想法子加強這些技能，它們會成為你以物易物的本錢。所以想想你需要甚麼，而你又可付出甚麼來換取所需。這種以物易物的方法對我很奏效：拙作《全心愛神》（*Loving God with All Your Mind*）[2] 是由一位紐西蘭來的神學生太太代我謄寫的教學錄音帶，以換取我丈夫一輛二手車給她的丈夫使用二年。她們需要車但欠缺金錢，我需要幫助但沒有金錢（或時間），因此我們以物易物！

做一個「平民藝術家」。視自己肩負上為家庭帶進美麗及潤色的責任。每週，我的朋友嘉玲（Karen）（她是一位平民藝術家）在晨早四時就起來，她到洛杉磯的花墟將鮮花帶回家中、院子及門廊上（她更會為一些需要少許美麗物件振奮精神的人預備花束）。當我早上七時半致電給她時，她正在忙碌地在房子的四周添上美麗的潤色，她這樣做花費無幾！我的朋友也經常自我挑戰，每週在插花方面要加點新意及創意。你也可學像她一樣，做一個平民藝術家，想想如何可為自己的家創造美麗，並問自己：「我在哪一方面的創作可以不斷改善及發展？」

邀請成為美麗

現在，我美麗的企業朋友，現在是時候深入看看神眼中的愛，並承認神對你生命的期望。透過祂的話語，我們滿有智慧的天父呼召你成為有企業精神的持家者及妻子，為家庭帶來美麗的色彩及潤色。回應這呼召需要付出努力，但呼召背後也帶著莫大的祝福！

你的心是否與神那寬宏的愛心一致？你珍惜神所交付給你，要你照顧的家人嗎？你在供應家人所需時是否付上最大的努力？箴言三十一章14節固然是一個商船的比喻，但實際上卻是針對著心、針對著愛而言。你明白嗎？只有愛——神慷慨而仁慈的愛——才能推動你放下自私的心，為別人付出努力，揚帆啟航。惟有當神的愛充滿你直至滿溢，你才能得到所需的毅力，放棄個人的惰性，終生堅持使別人得益這項企業家的活動。

你不求神給你更大的決心以及新的能量，使你可以揚帆起航，邁向這寶貴而長久的企業精神嗎？真的，這企業精神在神眼中也是看為美麗的！

8

家庭的模式

她的自律

「未到黎明她就起來，把食物分給家中的人，將當作的工分派婢女」（箴三十一15）

我不能入眠，嚴重的時差是其主因！我和外子前天才到達耶路撒冷，經過了十五小時的飛行及在倫敦停留的時間，我們在耶路撒冷舊城的酒店房間內瞪著眼已經幾個小時。我們等待黎明的來臨，好換上裝束，展開二十一天聖地之旅的考察行程。前一天我們因過於疲倦、雙眼過於朦朧而沒法欣賞所經過的地方及事物，而現在，我們已準備好了，只等待太陽升起！

最後，有些微曙光，我們可以到酒店的頂樓走走。我們在晨曦裏肩並肩地站著，聽到舊城的遠處傳來迎接新一天的教堂鐘聲。當東邊開始發亮，我們便看到那堵具數個世紀歷史的、保護著耶路撒冷舊城的圍牆，我們也看到旗幟在大衛之城的頂上隨風飄揚，我們更能瞻望昔日基督曾經到過、將來必定重臨的聖殿山的風光。這景象令人屏息：我們看到的地方，經過了數百年都沒有絲毫改變！我們正身處耶路撒冷！

然後我看見了她。附近一所房子的房頂上有一位勤奮工作的婦人，她洗淨的衣物已沿一條直線掛起來，大門已打開，讓早晨的清涼空氣在日光照耀前進入石屋內。她已打掃及洗刷過走廊通道，現在她正在房頂上，從盆栽剪下新鮮的花朵，並從檸檬樹上摘下數顆已熟的檸檬，一併帶回屋內。

這位現實中的猶太婦人將箴言三十一章15節演活了：「未到黎明她就起來，把食物分給家中的人，將當作的工分派婢女。」我為自己早起而可享受的奇景而高興（時差最應記一功！），但現在我又重新被這勤奮婦人所挑戰，要繼續嘗試活出在神眼中看為美麗的紀律生活。我細語道：「感謝神，因為聖經的教導活現在眼前，謝謝祢賜下這一幕——在祢的土地上一位早起以愛心服事家人的女子！」

這一章是有關你與我可如何以愛心服事我們的家。那位以字母詩教導兒子有關敬虔婦女的事的美麗母親（箴三十一10～31），深知自律的婦人可為其家庭帶來的好處，因此她教導她的兒子（以及我們），三項成功管理家庭的守則。

守則1：早起工作

根據箴言三十一章15節，這位令家庭蒙福的婦女，「未到黎明她就起來」，在箴言三十一章的年代，婦女會為著以下幾個原因早起。

看守家居的火光：首先，她要確保家中的油燈整晚都燃亮著（那油燈其實是一隻盛油的淺碟，內放一條燈芯），好讓早晨來臨時，家裏的爐火可從其上燃點。神美麗的持家之婦，夜裏會起來數次為燈添油，使燈終夜不滅（箴三十一18）。夜間起來也可讓她預備第二天的食物，她可以磨點粟米、預備其他材料及爐火。

看守自己心中的靈火：箴言三十一章30節說神這美麗的婦女敬畏耶和華，她清晨起來，讓自己有時間祈禱及遵守神的律法，她曉得律法說，當盡心盡性盡力地愛神（申六5）。箴言三十一章的婦女不但要照顧家居的火光，也要照顧自己心中對神的愛火。

看守家人心中的火光：這位敬虔的婦女也深曉摩西的律法：要以神的知識及律例管教兒女（申六7）。一位美麗的屬神的母親，必先以神的真理充滿自己的心，然後，就如那位以箴言三十一章教導其兒子的母親那樣，她以神的真理在家庭的課室內整天教導其兒女。

若這些重要的事務都是你每天必做的事，早起便是必然的。

守則2：為家人預備食物

成為家人祝福的婦女會「把食物分給家中的人」（箴三十一15）。預備家人的食糧是她早起的主要原因。家人都依賴她供應每天所需的食物。即使在今日的中東，每四個人便有三個以麵包及其他穀類製成品為主要食糧。[1]麵包在以往及現在仍是生命的支柱及每餐的主糧，若沒有人把穀麥磨成粉，便不會有麵包（所以磨穀麥便成為每天的首要事務）。把磨成的麵粉製成麵團後，便可將這些細小的麵團，放在熾熱的石塊及燃料上烘成麵包。[2]

但在這一節的背後還有一個令人興奮的比喻！這裏的「食物」一詞，在希伯來文的意思其實是「獵物」，並指向獅子捕得的獵物。神美麗的婦女被喻為一隻獅子，為生存而捕食。她就如母獅，在夜間潛巡覓食，為家人狩獵食物（「未到黎明她就起來」）。[3]除了被喻為是軍隊（箴三十一10）、戰士（10節）、工人（13節），以及商船（14節）之外，她現在被形容為母獅（15節）！這些經節的比喻，全是指向她擁有的力量和勇氣。這婦人擁有非凡的才能，為她所照顧的人（家人）提供所需（食物）。[4]

而「家人」是指任何有幸在她家中居住的人！「家人」是眾數，代表一羣人、一組人或所有在家中的人。[5]她名單上的幸運貴賓包括其丈夫（最重要的賓客）、她的孩子（這些小賓客佔第二位）、親屬（當時代很多家族成員都會同住一屋）、傭人及訪客。

守則3：每天的計劃

「她將當作的工分派婢女」（箴三十一15）。「工作」或「配額、份量」是指給某人特定的份量或所配給之量。[6]我們可假定神美麗的婦女視婢女為家人，所以會分派食物給她們，但她也會給她們工作。她頒佈「命令」或工作「規條」，其中勾畫出每天需完成的份量。[7]她有自己的工作要計劃及安排，但她的婢女也有她們的一份——她們每天的「工作份量」（15節）。為了爭取一分一秒，她一定要早早預備妥當給婢女們的工作份量！

成功的模式

神美麗的婦女在她那時代中活出了一個成功的榜樣，在數個世紀以後的今天，你與我也可跟隨她持家的模式而獲得成功——她早起（一個簡單但不易為的習慣！）。看看她所擁有的祝福！

獨處的時間：我最常聽到婦女的投訴，就是說她們沒有個人獨處的時間：兒女纏身（還有他們的需要及他們的聲音）、電話響個不停（更多的需要、更多的聲音）、電視總是喧嘩不停（更多的聲音！），作母親的總是沒得安寧、無法安靜。早起可給你寶貴的靈修時間，在黎明前的安靜裏，你可擁有珍貴的獨處時間。

與神相處的時間：你也可利用早起的時間尋求神及禱告，求祂祝福你的一天及你的家人。我讀過一本母親節的刊物，記載一篇訪問特稿，內容是葛培理夫人的女兒安娜（Anne Graham Lotz）談論她的母親：「不管我甚麼時候起來，總看見母親房間亮有燈光，我走到樓下時，就會看見她坐在書桌前，正讀著十四個不同的聖經版本的其中一個。我母親用這個方法，教導我以神的話語及禱告來認識神；她真的認識神。」[8]（她就是透過早起來使自己更認識神！）

計劃你的時間：當你獨處時，你可以有時間思考，並策劃具效用的計劃。在繁忙的一天開始時，有數分鐘的獨處時間，代表你可以有時間為一個井然有序的家計劃，這計劃是很重要的。請聽一位一流的時間管理專家如何推崇早起：「我所有的計劃幾乎都是在早上做的，我平均每星期以三個半小時計劃。我早上五時起牀，比家中任何人都早，我將這獨處時間用在我最重要的活動上——計劃。」[9]

活潑地開始一天：無疑，早起會帶來一連串的良好效應。早起是你珍惜時間的第一步！思想這時間對你可有甚麼意義：與神相處的時間(尋求指引及能力)；獨處的時間(用以計劃)；運動的時間(這可能是惟一的時間)！活潑地開始一天(有智慧地使用一整天的時間)；早餐時間(吸收能量)；家人靈修的時間(家中的焦點)。當你讓早起成為每天的規律，你就邁出了重要的一步，開始為家庭設定秩序，並為家人建立一個可預測的模式。

我的個人故事

感謝我的丈夫，我經常可體驗早起的好處(雖然只是大部分的日子)——讓我告訴你箇中原因。

當外子還是神學生時，他每天下課回家都會稱讚一位叫麥道高(McDougal)的先生。他總是不停地說：「你一定要見一見這位麥老師！他是位教授，有妻子及家庭，自己又是加州大學洛杉磯分校(UCLA)的博士學生，他每天跑步，還在牧養一間教會哩！」

一天，外子終於有機會詢問麥先生，他是如何完成手上的一切事務。後來他告訴我，很驚歎地說：「麥先生每天早上四時就起牀！」當我仍在忙於思索時，外子便宣佈：「我們以後都要四點鐘起牀！」

面對早起確實是困難的(現今仍然！)，但好處卻是即時又顯然易見。至少，與神相處的難得時間成了事實，突然間，我有時間默想神的話語，也有充裕的時間祈禱。再者，那是我第一次可為忙碌的一天計劃——充斥著幼小孩子需索，以及家庭瑣事的一天。

但早起為我帶來的好處並不止於此。我有時間開始進行我的運動大計(現今我仍每天實踐這計劃)；我可清理洗碗碟機內的碗碟；八時前致電在東岸的朋友；做簿記、寫信、打字、處理文件檔案；研讀聖經及編寫研經材料——全都在早上七時半前完成。就是到了今天，我仍有一個名為「早起」的檔案，將每天我可在清晨完成的事務的清單存放在內。

因此，若你需要一點不被騷擾、安靜及獨處的時間，嘗試早起吧！你可能因此需在晚上早點入睡，但這又有甚麼損失呢？可能是一點點的電視時間？你可能也需要留時間給你的家人，但當你可推動自己早起時，出乎你意料之外，你會發現你可從非重要事務中賺回很多時間。

雖然外子多年前早已從神學院畢業，但我仍嘗試保持早起的習慣，像那在耶路撒冷舊城房頂上的婦人，我在夏天打開所有門窗，涼涼房子，我也會開動洗衣機及淋花；雖然我不用磨麥，但我卻要磨咖啡豆，為丈夫預備咖啡。若兩個女兒在家，我會到她們睡房看看有沒有關房門，免她們受到我早起的聲響騷擾，好讓她們在鬧鐘響前多睡數分鐘，因為她們也得早起！

早上我在家中會發出甚麼聲響？有咖啡機的聲響(畢竟那是最重要的)、開門窗的聲響、灑水機噴水的聲響、清理洗碗碟機的聲響、預備早餐桌、預備午餐、清倒垃圾的聲響，以及所有在天氣不宜出外散步時繁忙家事的聲音。

之後，所有的聲音都靜止，屋內全然安靜——十分寧靜！然後，在一天繁忙的日子開始之前，我會坐下，敬拜主及默想祂的美麗(詩二十七4)。我知道要來的會是怎樣的一天——我的日子將是步伐急速及充實的，若我不「充實」自己，就不能按神美麗的心意處理日常的責任。到祂面前求力量不是一個選擇，而是必須！我知道我若沒有那惟有神才能給我的力量及勇氣(腓四13)，就不能成為我需要當的戰士，更不能度過每一天。只有透過神的能力，我才可漂漂亮亮地處理每一件事情，包括碰巧遇上又一天瘋狂的日子。祂的平安也不是一個選擇，我知道勝過憂慮的方法只得一個，就是從神接受出人意外的平安(腓四6～7)。你明白為何我早起的時間是那麼寶貴了嗎？

如何成為美麗

我肯定你已聽過很多關於休息對美麗的好處，但更重要的是，透過早起來獲取神那種美麗。你當然需要休息，但早起卻能為生活帶來秩序及規律的美。所以，與其讓生活充斥著遺失、遺忘或誤置等狼狽，以及經常落後、趕不上時間，換來總是「啊！」、「唉！」、「哎呀！」的歎息，倒不如培養每天早起的規律吧。如何培養？

1. 決定早起的時間：你可能不會在早上四時開始你的一天(我們選擇這時間是因為丈夫須在五時半出門)。但先計算你需多少時間完成你的計劃、一天的工夫及早上理想的日程，然後再推算起牀的時間。當你開始實行早起時，我敢打賭你會愛上這個可行的時間表——你的家人也會喜愛的！

2. 入睡時間：蠟燭若從兩邊都燃燒，它燃燒只一會兒便熄滅！所以提前一小時入睡，或最少提早一小時上牀！

3. 禱告！：關燈後禱告，將你在一天已盡的思想訴說給主聽，並把你在未來的一天，願意為祂及祂的國度所成就的事，交託予祂。在黑暗中與神的溝通，能助你將思想集中在第二天的工作上，並將屬身體的層面（早起一點）提升至屬靈的層面。

4. 起牀！：當你想到早起可賺得的時間及生命，就能推動自己起來！一位時間管理的權威說：

「若你可以安睡六小時，代替現時的八小時，每天省下兩小時，那麼從星期一至星期五加起來，就給你額外的四十小時——相等於每個月多一週！每晚少睡一小時也能每年省下額外的六個工作週，以一生的時間加起來就超過五年。想想你可在額外的五年時間內成就甚麼！一起來實踐吧！」[10]

邀請成為美麗

我親愛的讀者朋友，我希望你看到整幅圖畫——你在家中所肩負的重要角色。你可能在家外擁有工作、事業，甚或響噹噹的名銜，即或如此，你仍是那位使家庭變得井井有條，使整個家居變得有秩序及有效率的靈魂人物！就如本章的題目，為家居建立習慣模式的是你，因此，當你預留（或爭取）時間去計劃、組織、管理，使家居運作順暢之餘，你也給你的家人以及自己一份無人能媲美的禮物；當丈夫信任及依賴你的管理，你給丈夫的禮物就是心靈安靜、井然有序的家及幸福的感覺，同時你也為孩子立了榜樣，讓他們懂得如何管理自己的生活，當他們觀察你的計劃及管理，並嘗到其甜美的成果後，他們就學懂如何為主生活。

箴言三十一章神那美麗婦人早起的規律，為你（與我）豎立了榜樣。每一天以清晨恬靜的時間祈禱及計劃，可給你一個家庭運作的有效藍圖，並為生活建立有秩序的模式。

因此，就如那位時間管理專家所說的：「一起來實踐吧！」

9

夢想的田地

她的異象

「她想得田地就買來；用手所得之利栽種葡萄園」（箴三十一16）

藝術家朋友們告訴我，人體最難繪畫的部分莫過於面孔。準確掌握繪畫面部特徵的技巧，是任何藝術家最難的一課。當你與我一同進入這一章時，箴言三十一章那婦人的若干特徵已逐步顯露，而我們也漸漸看見她的面容。直至現時，我們已看見她以愉快的雙手工作（13節），見過她那顆為丈夫信任的心（11節），她那雙輕巧快速的腿，帶領她到老遠地方搜羅家人所需，也給我們留下了深刻的印象（14節）。

但現在，神那美麗婦人的心思也逐漸在我們面前顯露了，因為神這位原創藝術家，向我們顯露了她那令人難忘的特質。在前一章，我們看見她以精明的頭腦計劃及組織，現在，第16節則讓我們看見，她以心思編織異象*並*充當企業家。

你可能已聽過有關左右腦的研究報告。若大腦的一邊是控制我們的*創作*能力，另一邊是關於*實際*的應用，那麼，神那美麗的婦人，兩邊腦袋都同時整全榮耀地發展了！在創作方面，她是夢想家——一個愛夢想與幻想的人，[1]她希望為家人提供最好的，並思想令「最好的」實現。但她並不滿足於此，她也利用她另一邊實際的腦袋，使自己的夢想成真。她是位商家，也是位夢想家。

三重行動

雖然這一章是關於夢想與異象（也是積極的想像！），我們卻可從神這位美麗婦人，在箴言三十一章16節令她夢想成真的三重具體行動中獲得啟發。這三重行動也可幫助你和我的夢想成真。

第一步——考慮。試想像以下的情景：箴言三十一章的美麗婦人有一天清晨起來，將食物分給家人、目送丈夫出門上班、將工作分給傭人，然後像一隻商船，揚帆出外購物。當她在市集進行買賣時，聽聞剛好有一塊出售的田地，她心情既緊張又興奮，就很謹慎地問了幾個問題，收集一些有關這田產的初步資料。

為何她的心情緊張興奮？因為她有一個夢想——一個由愛出發令家人得益的異象，她不斷尋找令這夢想成真的機會，而這塊田地就是一個增加丈夫財富、提高他的地位及改善家庭現況的黃金機會。但她對這塊出售的田產作出了甚麼反應？是否直衝到地主那兒買下那塊田地呢？是否伸手拿出信用咭，然後說：「過數吧」？全都不是。

聖經告訴我們：「她*想得*田地（譯按：想得或譯作詳察、考慮）」（箴三十一16）。她以商業女性的角度，小心分析那田地是否一項聰明的投資。她心中想得到一塊田地，但她卻選擇以理性控制這欲望（就如優秀的軍人），她決定搜羅有關這田產的一切資料。

- 田產的價值：收集田產的資料代表了她*考慮*其價值。她不道聽途説，也不盲目跟隨專家的意見，她自行對田產作出檢視。
- 財政狀況：評估家庭的財務狀況，代表了她*考慮*是否可在不危害家庭現況的條件下，有足夠的資金購買並改良田產。
- 所需時間：她*考慮*她要為家庭付出的時間，以決定自己在擁有這田地後，是否有充裕的時間打理它。
- 檢閱優先次序：她的家庭才是她首項責任及工作，所以她有智慧地*考慮*購置這田地會否破壞了她的優先次序。

箴言三十一章的婦女察覺到，在她作任何地產投資前，她需要更多了解、考慮及禱告。

最後，經過適當的考慮及諮詢神後，我相信她會把事情告訴丈夫，並與他商討。以商業女性所收集的事實及專業數據，她跟丈夫分享她的異象。當她提出建議時，她舉出很多理由，解釋為甚麼那田產是值得購買的，並它可以如何為丈夫及家庭帶來裨益。

這婦人如此能幹，為何要諮詢丈夫？我可以想到幾個理由，全都與她那堅強的品格有關。第一，作為一位*才德*婦人，她不會漠視神命定是她的頭（創三16）的丈夫而獨立行事；其次，作為*有能力的*婦人，她不會魯莽行事（箴十九2）；第三，作為*有智慧的*婦人，她也不會在沒有忠告的情況下獨斷行事（箴十二15）；第四，作為*妻子的*，她更不會希冀丈夫所不悅的東西（箴十九14）。神美麗的婦女過著討神喜悅的生活，討神喜悅的其中一部分就是要討丈夫的喜悅

（創二 18）。她是團隊的一員，追求丈夫所喜悦的，並幫助他邁向他為家庭所選取的方向，他們二人是一個穩妥的單位，一同邁步向前！他們共同建立生活、令他們的夢想成真——她的夢想就是改善家庭的財政狀況（16 節），而他呢，就是服務社區（23 節）。

得到丈夫的同意後（他又怎能不同意呢？根據她過往的業績、她的商業頭腦、她的工作道德），她便進行第二步，去取得夢想中的田地。

第二步——購買。箴言三十一章 16 節指出：「她想得田地就*買來*」。就如一位學者說：「再沒有比這節所說的更清晰明顯了，這婦人確實是買賣土地」。[2] 在 16 節，「買」這個字是商業用詞，意指買賣、商業交易。[3] 所以我們看見，箴言三十一章的婦人擁有她夢想中的田地。[4]

在我到以色列之前，我常以為她的田是一大片牧場或農場；但當我看過聖地的田地後，才知道她的田地基本上只是一塊五十英尺乘八十英尺的小地。田地的主人先要清理田間的大石，然後用這些石頭在田的四周堆成石牆，然後才可開始耕種及種植，這過程是艱辛漫長及需時的。

可是我們會問，神美麗的婦女哪來買地的錢呢？她如何解決那夢寐以求的田地的財務問題？那錢是來自她精明的金錢管理。她節儉的精神在日常生活及這單買賣上得著回報，她所有的努力，包括她的管理、她的工作、她的辛勤、她以物易物、她的紡織、出售的紡織品、她的無欲無求、她說的「不」，全為她提供了令夢想成真的資本，就如有些人說：「勤奮是酵母，能令麵團發起！」

第三——改造。「她想得田地就買來」箴言三十一章16節說：「用手所得之利*栽種*葡萄園」。雖然這節好像是指向同一塊田地，但事實上這裏是指兩塊不同的田地，以及兩宗不同的商業交易。「田地」與「葡萄園」是兩個不同的詞語，指向兩種截然不同的田地。我們美麗的婦女不是購買了一塊田地，然後在其上栽種葡萄園，事實是她同時買了一塊地，又買了一個葡萄園。[5]她辛勤所賺取、忠心所管理，老老實實地省下來的錢，不單讓她買了一塊田地，更使她有餘力選購一個葡萄園。

為甚麼栽種葡萄園？她的選擇是滿有智慧的，因為在她那乾旱的家鄉，水源是缺乏的，葡萄和酒是主糧，人人都需要飲料。所以擁有自己的葡萄園，神美麗的婦女就可照顧其寶貴的家人，剩餘的還可以售予其他人，為她的第二個夢想賺取金錢。每個人都能從中得益！她「用手所得之利」栽種果園，讓家人得著充足的供應，令生活輕省。

如何成為美麗

當你與我追求夢想的實現，尋求並跟隨神的智慧，再加上我們的努力，每個人都會從中得益。以下是一個令你夢想成真的美麗計劃：

1. 渴慕神的美善：求神在你的心中建立一個滿載美麗才德的寶庫，求祂賜你

- 耐性：等候，直到機會來臨時有所行動。
- 謹慎：讓你在等候時作周詳的考慮。

- 禱告的心：讓你在等候及思考時，願意尋求主的智慧。
- 樂於諮詢的心：經過等候、思考及祈禱後，讓你樂於諮詢你的丈夫，或父母、牧師、上司。
- 目標：讓神引導你的心，朝向正確的方向，朝向祂的方向。
- 毅力：使你願意付出一切努力叫夢想成真。

2. 朝向神的目標：奉獻自己實踐神的目標，意思就是以家庭為首！你的目標是建立你的家庭（箴十四1）、為家庭建立名聲（箴二十二1），以及建立下一代（箴三十一28）。不要介意你會得到甚麼回報，也不要擔心你所付出的令你個人有所虧損（我不是指金錢上的損失！），更不要計較別人會否感激你無私的付出，甚或他們有否留意。作為神美麗的婦人，你不是要為得著回報才作你所作的一切；你作這一切是因為你的身分，因為神正在模造你成為一位具才德、在神眼中看為美麗的婦人！無私的付出是最美的，這正是我們的主的美！

3. 你的丈夫是最重要的：記得箴言三十一章那婦人的丈夫如何「心裏倚靠她」（11節）？在16節，我們看到另一種建立信任的方法：這方法是要你甘心樂意將自己個人的願望，降服及順服於丈夫的願望之下。請再次留意，這是要出於甘心的（神美麗的婦人作任何事都是甘心樂意的——13節！）。要是你加強你敬虔的才德，在你日常生活中實踐出來，並時常就家庭的問題諮詢丈夫的意見，那麼，你便能建

立他對你的信任。當你向丈夫訴説自己的意見時，他表面會保持嚴肅的面孔，但他心裏卻會笑道：「看，她又來了！她真是令人驚歎！她哪來這麼多的意見，這麼多的活力？！有她作妻子，我真是幸運！」他會像箴言三十一章28至29節的丈夫，稱讚他的妻子為「超過一切的才德女子。」[6]

4. 創意無限：當你不斷放下自己而服事別人，你會發現，神會給你無限的機會，讓你有創意地顯示你的愛。你的心思意念，都會迸發那「潛在的藝術」(薛飛夫人是這樣稱呼我們在日常生活所顯露的創意）。[7]最近我出席了一個為繁忙婦女舉行的時間管理講座，聽到有關靈感的來源。你知道講者從哪裏學會她傳授給我們的妙法嗎？就在她家中——透過管理家居、丈夫及五個孩子！我也參加過一些如「二十分鐘煮食法」的課程，都是類似的成功故事：一些超級忙碌、極需爭取每分每秒的婦女，在服事家人的過程中發現一些具創意的捷徑。

我的好朋友基絲（Kris），其丈夫及三個孩子仍在求學，所以她會在「九十九仙舖子」購買孩子的衣服，然後拿出她的熱力接合槍和一些小玩意兒（鈕扣、乾花、一片剩餘的花邊），就為孩子創造了令人讚賞的衣服——花費無幾！而當她看見了一幅可行的圖畫之後，她就在手工藝的展覽中擺放攤位。現在，她更將這些創意的成果售予其他母親，以幫補丈夫在學業上的開支。當基絲站在熨板前，一項事業誕生了，基絲的夢想來了——然後成真了——因為一切必備材料都一應俱全：注重家庭、愛心的供應、忠心的服事，以及創意的火花！

5. 勇於夢想！：若你可改善你的家庭財政狀況，你會作些甚麼呢？綜觀你對家庭的愛、個人心中的願望，以及你的創意，你會朝向哪個方向？如箴言三十一章的婦女，她有創意（13、18、21～22、24節），在為丈夫、家人及家庭提供所需的推動下，你也可將你的創意應用於實際的用途上。

所以，不要忘記發金色的夢——金錢的顏色！當神美麗的婦女夢想時，她的夢也是金色的！她管理家庭、掌握家庭財政、對家庭付出努力、無欲無求、節儉，她說的「不」，以及花在議價的時間：這一切都省回了金錢，令她的夢想成為事實。很明顯，她賺取及節省金錢的目的，不是讓她自己使用或花在瑣碎事上，而是使*家庭*的夢想成真！因為她那金色的夢，她的家人得到服事、得到益處，家人*的*生活得以改善。審慎理財對你也是重要的，可能有一天你想追逐你的夢想，所以必須確保你有足夠的財力以助你的夢想成形。

6. 作工！：夢想如何可成真？神美麗婦女的進程是這樣的：

她的才德（10節），使
她甘心樂意（13節），又使
她勤奮工作（13節），並使
她有所積蓄（11節），那讓
她可以投資（16節），致令
她富有起來（25節）。

每個成功故事的背後都離不了實務實幹。你對家人的愛、掛念他們的幸福、夢想如何實現理想，加上神的祝福：這一切都為你的故事添加推動力。

邀請成為美麗

現在，我擁有無窮才能的朋友，我也可為你撰寫同樣美麗的故事！我希望你現在就開始夢想，考慮一下你夢想的範圍。關掉電視機、收音機、音樂，除去任何阻止你創意馳騁、思索及計劃的東西。

現在，開始描述你的夢想——或你的十個夢想吧！然後，按著以下的步驟，開始實踐夢想成真的過程：首先，*想想你的夢想*、禱告、計算代價。禱告、收集資料。禱告、跟丈夫商議。*然後，工作*。金錢是由勤力工作賺來的，所以在節省、賺取及管理金錢上作一切你應作的工。一旦你有了資金，你就可開始購買你的「田地」及所需物資。然後，*再向前邁進一步*。小心不要忽略了你的家庭及家人，因為你努力實踐的夢想是為著家人的益處，建立事業不是你在地上的主要任務：你要建立你的家庭（箴十四1）、為家庭建立名聲（箴二十二1），以及建立下一代（箴三十一25、28）！所以，我再說一遍，每個成功故事的背後總離不開實務實幹。你對家人的愛、掛念他們的幸福、夢想如何實現理想，加上神的祝福：這一切都為你的故事添加推動力。

10

殷切的態度

她的工作

「她以能力束腰，使膀臂有力」

（箴三十一17）

每逢我想起數年前進行的一項問卷調查的結果時，我都會發出會心微笑。在一個名為「有智慧的持家婦人」的講座系列裏，我問了一百位跟你和我一樣的婦女：「哪些是阻礙你完成家務的原因？」她們提出的答案依次序如下：

理由一：沒有善用時間
理由二：欠缺動力
理由三：欠缺妥善計劃
理由四：拖延

我現在也在微笑及點頭，因為我明白其關係！以上的理由對我而言也絕對合理！

以下通常是我的反照：我沒好好地運用時間，原因與欠缺動力有關，那表明了我不肯定自己究竟想成就甚麼。當我不知道為*甚麼*要完成某些事情時，當我沒有目標或只有模糊的目標時，我自然就會欠缺動力，並且不妥善利用時間。

至於計劃又如何？欠缺目標，不就是沒有甚麼好計劃的嗎？或者最少是：不肯定可以為了甚麼事情而計劃。

然後就是拖延！我肯定會拖延一些我不肯定要作的事！我已經說過，對我而言那是非常合理的！

因此，我親愛的朋友，若你像我一樣，你與我便應該一同感謝神，因為祂向我們顯示了在箴言三十一章那位善用時間（實際上是善用每分每秒）的婦人！她知道她的目標：她肩負了從神而來，建立家庭的功課及責任（箴十四1），所以她滿有動力。她以智慧計劃她的日子，令每一天所作的都可朝著她的目標及夢想邁進。她工作，且是殷勤地作，從不拖延，永遠善用時間，將自己的計劃及能量都集中在可使她夢想成真的事上。我希望你可以與我一同由衷地向主說：「感謝祢，感謝祢那美麗的婦人！」沒有了她的榜樣和激勵，我們將如何自處？

當我們細讀箴言三十一章每一節時，你與我會因神那美麗婦人表現的兩方面而讚歎：她意志堅強、身體又強壯，就如她的工作及工作態度所顯示的。我們在17節會再次看到這兩方面，先看她堅強的意志及她的態度。沒有堅強的意志，我們永不能身體力行！

準備工作

我們把神美麗的婦女喻作軍隊、戰士、商船、母獅及農夫，到底她是如何完成她的工作呢？她成功的關鍵是甚麼？

首先，箴言三十一章17節告訴我們：「*她以能力束腰*」。這些用字是經過那位女教師小心選取的，意思是指其

工作態度，好使她年幼的兒子懂得尋找具有以上態度的女子作妻子。讓我解釋這比喻。

三千年前當這首詩寫成的時候，婦女（以及男性）都是穿著長袍的。若要從事體力勞動，需先摺起他們的袍子，並用腰帶扣緊；惟有這樣，他們才能不受牽制地從事各項體力勞動的工作。這束衣的行動，是面對重要工作[1]以及長時間勞動的必要準備。[2]

束衣行動也是啟動應有態度的心理機制。就如穿上圍裙、工衣、運動服飾、油漆外衣或園丁裝束；也好像捲起衣服的袖子一樣，摺起袍子這動作是準備行動的先兆。這預備動作以及合宜的衣著，都是鼓勵一種「起行了」，一種開始完成手頭工作的態度。

第二，「她以*能力*束腰」（箴三十一17），希伯來文特別強調箴言三十一章這婦女的體力及耐力，暗示了她工作的決心及勤奮工作的能力。她部分能力源自她的*選擇*，願意選擇辛勤工作，而腰帶就象徵了她進入工作場所時的意志及體力。她以能力束腰，代表了她是滿有動力地作工，她已經準備就緒。這一片語又可譯作：「她穿上能力！」[3]聖經曾說「力上加力」（詩八十四7），那正是神美麗婦女所享受的——當她約束自己工作，這自律就給她更多的能力、更大的耐力！[4]

最後，我們看到她「使*膀臂*有力」（箴三十一17）。這是指她的體力，代表了她已經作好準備，在肉身及意志上都準備好了。她像一隻母獅那樣，強壯、滿有能力。[5]就如其中一個譯本驚歎道：「她精神奕奕束上腰帶準備工作，她的膀臂永不疲乏！」[6]

個人工作方程式

今天，若我重新翻譯箴言三十一章17節，我會這樣說：「遇到工作的需要，這在神眼中看為美麗的婦女會隨時作好準備，甘心樂意及滿有能力地幹！」當我思想神美麗婦女的這項素質之後，我認定了她的思想態度，是她可完成大量工作的關鍵，而那態度則顯示了以下四項心靈素質：

決心：工作其實是與心有關的，沒有真誠的決心，可完成的工作將會少之又少（甚或等於零）。我當家庭主婦的早期，下定決心投入家庭工作的場所。我本喜愛閱讀、沉思及看電視，可是一個晚上，我聽到我敬重的一位基督徒女士這樣說：「我不作任何要久坐的事！」我想了這句話好幾天（我現在仍會每天想起她及她這話！），最後我作出了承諾，就是要更積極更多活動、手要時常工作。畢竟，「諸般勤勞都有益處」（箴十四23）！

甘心：甘心樂意的態度決定了我們工作的難度及進展。我們可能下定決心建立家庭、服事家人、實踐神的計劃，但我們也必須甘心樂意實際地幹！作為神的婦女、才德的婦人，我們已被徵召入伍，我們已簽署、我們已自願投身，所以，我們需作好心理準備，甘心地幹，並付出一切以完成我們在隊中的任務！

動力：對我而言，動機是我工作的鑰匙，它為我提供了工作背後的為甚麼。我經常思想及禱告，為要明白自己在生活、在婚姻、在家庭及家人方面的期望；又思想我可

為教會、為神的子民以及為其他人作出甚麼貢獻。我想得著箴言三十一章那婦人的收穫：以神為我一切工作的動力，協助丈夫的生活，為教會、世界及下一代栽培兩位敬虔的女兒，給我家人一個井然有序及美麗的家；為教會的需要慷慨付出，以基督的愛觸及其他婦女的生命。親愛的，這是我的期望（我相信也是神的期望），我渴望成就以上的目標，而這渴望便給我動力去工作——由日出至日落——直至實現我的期望為止（若主願意的話！）。這些目標給我終生的推動力，也給我意志上的能力去處理有關工作。

紀律：這是我的致命傷！直到現在，所有的都是夢想、願望、目標及空談！但箴言十四章23節下很正確地指出：「嘴上多言乃致窮乏！」紀律是將空談化作行動及達致目標的必要條件。以下是我的經歷：我希望擁有一間清潔的屋，但紀律叫我在鬧鐘響時起來工作；紀律也令我離開舒適的長沙發或安樂椅；紀律敦促我走到廚房，拿出吸塵機以及清洗用品；紀律是我想休息時，推動我繼續向前；紀律也催促我完全完成手上的工作而不殘留部分或半途而廢；紀律也叫我完成工作後放開一切。

而紀律是與意志有關的。我們在思想上掙扎要完成的工作，思想是我們作出抉擇的場所，它是我們決定怎樣利用時間及能量的地方。因此，我愛美的朋友們，這是為何意志堅定是工作的基本要素，當我們意志堅定，我們就會勝過懶惰、勝過拖延、克服淩亂以及妨礙成果的其他敵人。

如何成為美麗

讓我將一些方法傳給你，這些方法曾幫助我個人獲得更佳的工作態度，甚至是一種工作的熱誠。

1. 以神的心意為你的生命目標：若你不肯定神對你生命的心意，你正在閱讀的箴言三十一章便向你顯示了神的心意。所以再仔細研讀這些章節，把信息轉化為你自己的話，然後擁有它、愛它、回應它，下定決心將你的生命奉獻給它。

2. 常在主的話語裏：透過神話語的能力，讓聖靈激勵你的心、你的思想及能力，因為神美麗的婦女具有的基本素質，是愛神及敬畏神（30節）。她的目標是從神的話語而來，她的能力也是從神的話語而來，她那持之以恆的能耐，也是從神的話語及祂的靈而來的。

3. 發展異象：若你對個人目標、對神呼召你作的事奉有一個整體性的異象，這異象會給你現時的工作注入熱誠。請想一想，你對家庭及家人的異象，對一個井然有序、美麗及寧靜家居的異象，如何直接影響你現時的家居環境。然後，擴闊你的視野，為家人的未來及他們對社會能作的貢獻，開展一個異象；容讓禱告成為燃燒你異象的動力，就好像以下的一個禱告：「主，讓我們成為自己的主人，以致我們能成為別人的僕人。」[7]

4. 尋根問底：我可能在重複，可是，明白你現時工作背後的為*甚麼*是十分重要的，因這為*甚麼*會成為你工作的推動

力。一些教師很正確地解釋這一點：「紀律的祕訣是動機，當一個男人(或女人)有足夠的動機，紀律便會自上軌道。」你可以知道要作甚麼，並擁有工作所需的一切技能，但若欠缺了動機，不明白工作背後的*為甚麼*，沒有熱誠，那工作大概也就不能完成了！

5. 祈求殷切的態度：晚上關燈以後，為明天需要完成的工作祈禱，求神幫助你以殷切的態度迎接新的一天（詩一一八24）。然後，當鬧鐘響時，心中感謝神，又賜下一天，讓你可服事祂及愛你的家人。

6. 製訂進度表：進度表可幫助你計劃的工作，從而知道未來的工作及自己正朝向的方位；你也能預計工作的步伐及思想下一項任務。

7. 安排日程：你愈能將更多的工作納入每天的日程就愈好，因為你若將每天的事務（與主共處、梳洗、運動、煮咖啡、澆溉草地、清理洗碗碟機、預備被鋪、取報紙、執拾、預備三餐及出外購物等）變為例行公事，它們所需的時間便會減少。你的目的就是要說：「這*通常*是我散步……收拾……繳交賬項的時間。這*通常*是我清理家居……到雜貨店……洗衣物……除草的日子。」那麼，你就可以輕鬆地由一項事務轉到另一項事務；並且，因為你已經習慣了你的日程，要作的決定自然會減少了、要思考的事少了、要掙扎的機會也減少了。例行工作可讓你像上了軌道一般，可以處理很多事務，令你的思想騰出空間來

祈禱、夢想及計劃。知道下一項事務也能激發熱誠及充滿動力的期望。

8. 參考時間管理書籍：箴言三十一章是對一位卓越的婦女、卓越的妻子、卓越的母親、卓越的持家之人以及時間經理的描述，她是最優秀的！她也是神給你和我的挑戰。因此，學習各種管理方法並使之生效，學習以最好、最快、最有效用及省時的方法作工；閱讀有關時間管理的書籍，那可以激發你的熱誠，以及提供改善技巧的祕訣，使你的表現也能卓越不凡。

9. 先處理最棘手的問題：實在不應因著一些你需要處理的挑戰或令人不悅的事務，而使自己活在一片恐懼的密雲下，乾脆就先處理這個棘手的問題吧！先從所行的路上除去巨大的阻礙，會令你的一天過得更順暢及容易；早早除去主要的攔阻，也會給你新的力量躍進愉快的工作去。

10. 播放音樂：有一天我在下午三時致電我的朋友，另一個嘉玲，我等了好一會，待她調低正在播放的音樂，巴哈一首生動活潑的勃蘭登堡交響樂曲。她解釋道：「我經常在下午昏昏欲睡時大聲播放音樂，好讓自己保持清醒，繼續工作。」那是好的提議，試試吧。

11. 測試工作效率：試試和時間競賽，善用時間，將你要作的事務視為遊戲。你所得的回報就是：有更多時間從事自己趣味的消遣，並編織夢想。當你把家務做妥當以後，你便

可集中精神發展自己的家庭企業，如神那美麗婦女的紡織工作一樣。另外，想著你可以愉快完成一天的工作，那將為你的工作加添熱誠。

12. 自我省察：細看以下詩句的信息，然後祈禱，求神不要讓你成為自己的障礙：

是甚麼攔阻了你的目標，
你想要作的一切，
以及那攪動你靈魂的夢想？
都是你自己！[8]

邀請成為美麗

謝謝你繼續與我同行！我是多麼渴望你可成功攀登這婦女榮耀的高峯！我為那在神眼中看為美麗的婦女興奮，我用盡法子追求她的美麗，甚至有的時候，我以為筆下彷彿熱得要冒煙哩！

當我重新再看有關動機這一章時（也請你再讀），我的心便重新為你受到感動，我知道我在列出我期望*我自己*所能活出的一切，但我親愛的朋友，我也期待*你*可擁有！為甚麼？因為這些出於慷慨之愛的行動，是*神*對我們的期望，而當我們行在祂的道路時，我們便會得著莫大的祝福（詩十六11）。

我也希望當你活出心裏所願、神放置在你心中的願望時（詩三十七4），你可經歷到那份不能言喻的快樂及成就感。

我也希望你可不斷經歷從這些可敬的努力上所獲得的快樂及動力。所以，請停下來禱告，將你的心向神傾倒——若有眼淚就讓它湧流——並靠著神的恩典，努力不懈地作那份祂交託給你，請你為祂而作的神聖工作。

11

得嘗成功

她的自信

「她覺得所經營的有利；她的燈終夜不滅」

（箴三十一18）

我們開始有關真正美麗的新一章時，我想告訴你，這一節經文是我個人最喜愛的，在我告訴你原因之前，讓我先作以下的申明。

首先我知道，有關箴言三十一章那位神眼中看為美麗婦女的描述，每一節都帶有能力、能改善生命，並且都是重要的，因為每一節都是從神而來的。我又從研究箴言三十一章10至31節得知，若我按祂的心意生活，我的丈夫、孩子以及家庭應佔有最重要的位置。作為一位已婚婦人，我最大的成就及回報是從家庭的範疇來的，按神的優先次序生活，為我帶來真正的祝福及喜樂。

但18節這夾在一連串指引中間的一顆寶石，卻給了我終生的動力。因為18節為箴言三十一章的婦女燃點了企業的火花，也燃點了你我的企業之火。我們已看見，神美麗的婦女能妥善處理一切事情，而她也享受她那卓越的標準所帶來的成就。我們也看見，她願意勤奮工作、透過以物易物及議價節省金錢；透過節儉、勤奮以及說「不」，她建立了一個儲蓄戶口，為她作地產買賣提供了資本。她妥善照顧了家庭及家人後，就開始她的小小企業。

表現優越

她的企業是如何開始的？是如何成形的？這位有智慧的母親以智慧的字母詩，向我們展示並提供一個成功的祕訣——卓越不凡！當你與我追求凡事超卓（箴三十一29），我們便可領略神美麗婦女所享受的成功。

卓越的品味：箴言三十一章18節開首道：「她覺得所經營的有利」。「覺得」這個詞在希伯來文跟詩篇三十四篇8節：「要嘗嘗主恩的滋味」的「嘗」是一樣的。所以我們看見，神美麗的婦女嘗到並覺得所經營的有利，她不斷嘗試，發現她所作的是有利的；透過冒險、嘗試新思想及方法，並不斷改進，她知道自己的出品是好的，她可以對自己所作的充滿信心，而她也確實如此。

優質的貨物：究竟她視為有利的貨品是甚麼呢？首先，這婦女買了一塊田，在其上種植穀物，她也在另一塊田地栽種葡萄園（16節），田地的收成——五穀、葡萄、酒——比家人所需的還要多，於是她將剩餘的出售。

另外，這位卓越的婦女也售賣紡織品。記得她如何處理羊羢和麻（13節）、並紡線（19節），如何為家人、家居和自己（21～22節）織造精緻的衣物嗎？她覺得自己織造的衣物是上佳的（她一定也聽過不少讚美！），因此她滿有自信製造更多工藝品來賣給別人（24節）。

出眾的成績：箴言三十一章的婦人所出售的貨品是「有利的」（18節），那即是說，她的貨品是有利可圖的——有利可圖，因為是上佳的！她所作的一切都以家人為先，只有上佳的衣物才配得上她的家人，她永不會將一些次等的舊貨，或馬虎縫製的衣物給家人穿著。她追求的標準表示了出自她手的，都是最優質的作品的。所以，當她看見這些素質最佳的衣物有剩餘時便把它們出售。她的貨物是上佳的，不愁沒有市場，而且售價甚佳。

追求卓越：第18節下說：「她的燈終夜不滅」。神那美麗的持家之人滿有信心地實踐及發展其企業，她並不介意要工作至深夜時分。她喜愛她嘗到的滋味，那推動她繼續工作至深夜，她的創作以及所賺取的金錢收益促使她更加勤奮。因為貿易條件良好，她工作至油盡燈滅時。[1]當她為家人尋求益處，以及在自己工作上發揮創意的時候，她將理性的觀察（「她覺得」）化為進取的行動（「她的燈終夜不滅」）。

在繼續我們的旅程之前，讓我為這裏所提的油燈加點解釋。當黃昏來臨時，一定要有點著的燈，一切活動才可繼續進行。如我曾提及的，這些燈其實是闊身窄尾的碟子，在其內盛著橄欖油和一條燈芯。亮著的燈告訴我們幾件有關家庭的事：

- 首先，亮著的燈代表工作仍在進行中，所以需要光。在神美麗婦女的家中，當然有很多工作及活動在進行中。
- 款待客人也是用燈的原因，它的光向有需要的客旅表示了：這裏可提供食物和休息的地方。

- 一盞燈之所以發光，是因為珍貴的油在燃燒著，因此也表示富有（箴二十一20）。
- 最後，燃亮的燈象徵了智慧：家中的一位智慧人確保燈仍亮著，留待早上把廚房的爐火點起來。請記得，是誰在半夜間歇起來確保燈火沒有熄滅（18節）。

神美麗的婦女確是忙碌的，她不但將工作分給婢女，她自己也工作至深夜，第二天又清早起來（15節）。日間她在戶外的田地和葡萄園工作（16節），在家時則夜以繼日（18節），為她那有利可圖的計劃努力。

親愛的朋友，她在生意上的成功實在不應令我們感到驚訝，因為我們美麗的婦女不會逃避辛苦的工作；憑著她那熟練的雙手以及神的祝福，那工作是有益的，又是有利可圖的（18節）！她享受自己的工作（她以樂意的心及雙手工作），同時，她也促進家庭的財政穩定（她使丈夫得益，一無所缺）。她更可在衣物設計上自由創作，而在她運用這些才能的同時，她也為家庭帶來收益。創作的樂趣以及買賣的滿足感，推動她繼續向前，勤勞和生意帶來不斷的祝福和好處，一個家庭企業產生了！

如何激發優越標準

我將神美麗婦女的小企業稱為「箴言三十一章計劃」。現在，我邀請你禱告：為你現在所作的（或可作的）能為家庭帶來收入的工作禱告。我希望下列所述我認識的一些朋友，她們工作至深夜的勤奮可給你亮光和刺激。讓她們的箴言三十一章計劃點燃你的想像力，並鼓勵你的燈在晚上仍然亮著！

- 我的小女兒負責管理她家中的稅項及一切收入，而她的丈夫則樂於將稅退款給她作工資。這是她小生意的開始，她在家中也為其他人申請及處理稅退款。
- 我認識的一位註冊護士，她每晚會由當地醫院收取醫學圖，然後在家中核對，並加上適當的文件工作，第二天交回醫院。在交回文件的同時，她也取得一張付款支票。她只不過將她的專業稍作改變，當她首名嬰孩出生時，將她的專業移至家中。
- 一位神學生太太自己烘製麵包，更接受其他人的訂單！她和丈夫也將烘好了的餅食送到學校，在小息時間在學生休息室出售，以支付教育開支。
- 當我丈夫前度祕書的首名孩子出生時，她將打字的工作帶回家中。她為學生打論文，謄寫我的錄音帶，這些工作都在家中進行。
- 然後有我這位「泳池朋友」！為節省開支，這位真正的箴言三十一章婦人要求丈夫讓她清理及打理他們的泳池，然後收取他以往每月支付泳池工人的費用。如是她清理自己的泳池並為家庭的需要儲下錢來，鄰居看見她清潔光滑的泳池，也要求她代為打理泳池。今天，這位朋友為她所在街區裏每個擁有泳池的家庭清理泳池，而她就把賺得的金錢用於家庭的需要上。
- 然後有麗莎（Lisa），一個聰明的婦人，家中有丈夫及兩個年幼的孩子。她擁有英文碩士學位，心中充滿感情，又寫得一手好文章，她是我的編輯，又是許多人的能幹編者。她是時間及精力管理大師——就如神那美麗的婦人（15、18節）——每天早起，工作至深夜，將自己所愛的工作轉化為專業及收入！

看到以上的例子，你何不用少許時間檢視自己的夢想、能力及興趣？為自己祈禱，看看你可發展哪方面的才華，使你可以改善家庭的財政狀況，並在以上的名單上加上你的名字。（若你在家外另有工作，挑戰自己，在家時要更有創意，不要只將創意發揮在工作上！）

即使你正在考慮一個箴言三十一章計劃，也別忘了：單單照顧家庭，已能為你的家庭作出很大的財務貢獻。我們已討論過你可透過自動轉賬繳費、有智慧地購物、小心計劃食譜及預備營養食品等省回金錢，你也可以考慮親自打理後園、家居或清理自己的泳池，而不用聘請別人代勞。以下的諺語是很正確的：「省錢就是賺錢。」

若你的生活模式不可能容納一個正式的箴言三十一章計劃，那也不打緊，我知道每個婦女都是不同的，每個婦女的情況都不一樣（八個孩子或沒有孩子？），但若神給你特具創作力、商業頭腦、可出售的專業技能、空餘時間、空的巢或一些小資本，儘管想想並禱告，求神助你將你的恩賜化為家庭的祝福。

如何成為美麗

以下的祕訣有助你決定及發展個人的箴言三十一章計劃：

1. 樂於聆聽：有否聽到別人稱讚你作的一些東西？我們常常將自己的恩賜看為理所當然，並傾向這麼想：「這人人都可做到，這麼簡單！」我們可能沒有察覺其實並沒有人在作同一類的事，或可達到同一水準或以同樣的勇氣去嘗試。有時我們可能更會想：「那沒有甚麼大不了！其他人可以做得更好！」而不會感謝神給予我們的能力，或將能力作更廣泛的應用。

2. 不斷向前：你曾失敗過，攪得很糟糕嗎？試過廚藝失準？油漆剝落？寫作時詞不達意？（我明白！）作曲時找不著合適的音符？為你珍愛的玫瑰加太多的肥料？請你從這些經驗中學習及繼續向前，如愛迪生（Thomas Edison）發明電燈泡的態度，縱然失敗了過千次，他仍會說：「不要視之為錯誤，要視為教育！」[2]

3. 發展技能：若要自己的箴言三十一章計劃成功，你需要不斷發展你的技能和技巧，就好像我的小女兒，她今天才剛剛到烹飪學校報讀課程，進修其原已相當精湛的廚藝。她有能力，也期望在廚藝方面大展拳腳。她已「嘗過」成功的滋味，並勇於夢想在食物方面發展未來的企業。不管你發展甚麼技能，務要貫徹始終，因為你不單在發展技能，也在建立自信。

4. 賺回時間：從一些不重要的事務中賺回一些時間，用以發展箴言三十一章計劃或從事個人創作，或作你的業務推廣。當我將自己的思想及能量都集中在寫作及演講時，我發

現以前一些慣常的活動完全消失了，我不再花數小時看電視、購物、參加午餐聚會、外遊、或煲電話粥；現在我集中注意力的活動是「工作」，並願意工作至夜深！（現在是晚上十時半了！）

5. 勇於冒險：要有創意、勇於嘗試新事物、表達自我。採納我朋友茱莉（Julie）在插花方面的態度，在探索自己的企業上「勇於嘗試」！

6. 盡力而為：「凡你手所當作的事要盡力去作」，這是傳道書九章10節的智言。神美麗的婦女凡事都必盡心盡力去作，她作的盡都卓越不凡，所以，她的貨品也是上佳的。

7. 為神而作：新舊約聖經分別在歌羅西書三章23節及箴言十六章3節教導我們，將我們所作的交託給神，並要當成是為主作的。視神為你工作的理由、視神為你的老闆、視祂的榮耀為你的目標，你便會經歷祂大能的帶領為福氣。有祂與你同在，你會發現你有能力不斷工作，精神奕奕！

8. 賺取利潤：我們從神美麗婦女的例子知道，有幾個賺取利潤的途徑：省錢、賺錢，以及投資；透過這些途徑可鞏固我們家庭的經濟狀況。

9. 肯定自己：你現在所作的是可行，且是有價值的。在詩篇三十四篇8節裏，大衛呼籲我們要「嘗嘗主恩的滋味，便知道他是美善」。「知道」的意思就是「心中確信」。通常

最不相信你努力的價值的人就是你自己！要記得：這一章是有關神美麗婦女的信心——她對神的信心、她對神所賜予的能力與才幹的信心，以及她為家人及其他人的福利而使用這些恩賜的信心。

***10.* 家庭第一：**耶穌教導我們，若樹是好的，結出的果子也是好的（太七 15 ~ 20）。神美麗的婦女是以家庭第一，她作的一切全是為家人而作，因為家人的好處是她心裏的願望，是她行為的中心點，所以她的努力結出的果子也是好的。她的推動力是源於對摯愛家人的關懷，而不是出於個人的貪念。這動力促使她盡最大的努力做到最好。神使用她多方祝福其家人及其他人，包括財務方面的祝福（箴三十一20、24）。

所以，請用數秒鐘檢視你的動機。你的努力是否由正確的動機所帶動？如我那滿有智慧的牧者說：「你照顧深度，讓神看顧闊度。」要在神眼中看為美麗，你先照顧你的家人，至於祂如何賜下祝福及擴展你的業務，那就讓神來看顧吧。

邀請成為美麗

我希望並為你禱告，祈求你在讀了這一章之後，你會得著鼓勵而

- 為你的家庭及家人付出最多的能量及最熱切的努力。

- 禱告，祈求能辨別自己的專長，以及可以在哪些方面發展成為一個箴言三十一章計劃。
- 不斷學習技能及加強自己的專業技能。
- 計劃用幾個晚上從事創作。
- 預備享受成功！

12

少量的夜間工作

她的勤奮

「她手拿撚線竿，手把紡線車」

（箴三十一19）

以下的情景每天都發生。當那照耀地球、給我們力量去生活及工作的太陽開始西沉時，我們疲乏的思想和身軀便知道：又一天接近尾聲了。你和我都知道從這一刻以後要發生的事：不久要預備晚餐，然後清理碗碟及廚房、洗澡、刷牙、講故事、招呼孩子上牀，然後這一天才算是完了，可以就寢了。

那是漫長及充實的一天，充滿挑戰、創意、服務及工作。然後，當身體可以橫臥，讓疲乏的思想及身體休息，拉起被單，合上雙眼時，那感覺實在好得無比！我們巴不得躺在那裏，直至第二天黎明時才起來！當神為繁忙的一天拉上夜幕時，那是我們疲乏的身軀給我們帶來的思想和感受。

但請等等！當我們繼續讀箴言三十一章時，我們發現神那美麗婦女的另一向度，我們發現她的另一個特質，叫我們重新評估該如何運用黃昏的時間！正當你和我以為一天的工作已經完了，神美麗的教師便開始了第十二課，再次教導我們何謂神眼中的美麗（我們的課程已過了一半！），她再次指出，那個才德的女子是勤奮的，在臨睡前還會做一點點的工作，而那年幼的王子則在細心聆聽。

幕後工作

成功的背後無疑是工作、工作以及更多的工作。你與我現在研究箴言三十一章那婦女奇妙的成功故事。明顯地，她是勤奮的：有毅力、不斷努力、忙個不停。她以家庭和自己的工作為樂，早早起來照顧家人，就是日落以後仍然工作。她善於利用黃昏時間。

在前一章，我們看到神美麗的婦女願意放棄少許的睡眠時間，在晚間進行少量工作：「她覺得所經營的有利；她的燈終夜不滅。」（箴三十一 18）但我們會問，究竟她在晚間做些甚麼？第 19 節提供了答案：「她手拿撚線竿，手把紡線車」。當黃昏來臨時，神那美麗的婦人將活動由戶外田間的工作移至室內的燈光下（18 節）。是的，她工作了一整天，但她在晚間仍繼續工作。在她那個年代，當黃昏來臨時停工休息，那是既自然且合理的事，但我們這位英雌卻繼續工作多一會兒。

根據箴言三十一章 19 節，她以撚線竿及紡線車工作。舊約只得這一節經文提及這兩件古物，它們是用以紡羊毛的。[1] 憑她熟練的雙手，撚線竿及紡線車將已加工的羊羢及麻紡成紗線，那肯定是箴言三十一章的婦人用以製作衣物售賣的工具。

早在 13 節我們就看到，她努力尋找羊羢和麻，然後加以梳刷、清洗及整理，現在到了晚上，她的身體步伐慢了下來，她就坐下紡線，為她的織布工作預備材料。她知道必先完沉悶的紡線工序，然後才可開始其充滿創意的織布工作。

這類幕後的準備工夫，是任何偉大成就所必須的。例如，畫油畫一定要先打開及拉好畫布；縫製衣物一定要先裁好紙樣；上演歌劇前一定要先開腔練習；下筆寫書前一定要先搜集資料；牆壁上油前要先鋪牆腳板；做菜前要先將材料洗淨、切開及配好份量。這類幕後的準備工夫可能是沉悶、例行的、不顯眼、呆板、沒挑戰性，以及不需要動腦筋的，但那卻是美麗與成就的基礎。

所以，神美麗的婦女很願意、樂意、由衷地（13節）利用晚上的時間作一些冗長、沒刺激但又必須的工作，以便她的藝術作品可以由此而生。

如何成為美麗

最初當我開始在晚間工作時，不再手拿芝士圈及可樂撲到電視機前的長椅上，我確實有點兒掙扎！但我決定要為家庭、為事工，以及為自己在新的層面上學習自律，於是我逐漸學到如何有創意地善用黃昏的時間。（我寫這些的時候正是晚上九時一刻！）現在我很珍惜我的晚上——一個埋藏已久的寶藏。

事實上，在晚間可作少量工作這個發現，為我打開了簇新的生命，基督徒培育事工（Christian Development Ministries）是由丈夫和我在十年前的某個晚上決定成立的。更能善用我的晚上，讓我有時間與丈夫一同參與領導機構，並發展及運用我的屬靈恩賜，去豐富基督徒婦女的生命。若我像以往一樣將神所賜的晚上用之不當，我不敢想像我的黃昏會用作甚麼用途（或不作甚麼用途）！

如一位時間管理專家所言，他勸人勿經常浪費時間，要使晚上及週末物有所值！[2]希望以下一些革新我生命（及黃昏）的步驟，同樣也鼓勵你善用晚上：

1. 評估你的黃昏時間：最近，我聽到全球最高薪的體育經紀談到他每天都採用的一些技巧。當他談到時間的重要時，他指出他每天的計劃是以二十分鐘為一小節（他計劃他的每一天，連週末在內）。你又如何使用你在晚上的每一個二十分鐘呢？回答這條問題可能會是相當發人深省的！

2. 計劃你的黃昏時間：一個星期天的早上，我在教會與一位朋友擦身而過，幸好她拉著我，我才可以分享她那奇妙的經歷：她體重減了四十磅！（正因如此我才擦身而過，認不出是她！）我問她如何減掉那四十磅，她告訴我她下定決心，每天下班回家做運動，她新一年的目標就是要將這項活動帶進她的生活裏，即是帶進她的黃昏時間去。換句話説，她計劃她的黃昏時間，而她肯定也在享受計劃的成果。

我嘗試預先計劃我的黃昏，因為當夜幕低垂時，我已疲倦得腦筋沒法轉動，想不出甚麼有意義的工作來！所以我開了一個「黃昏檔案」(與我的「早起檔案」並列）；在我的「黃昏檔案」裏，我預備了我可在晚間進行的種種活動。

例如：我偶爾會收拾我的聖經研究資料，我在自己撰寫的書上簽名，送給聖經研究小組的同學，大約每個星期我會回信一次（有時我寫信至深夜〔我曾寫至零晨二時！〕，幾乎自己都認不出寫的是甚麼字），繳交賬項，更新支票簿，核對銀行收支平衡，這些都是合適的晚間活動。晚間也是我看垃圾郵件、宣傳單張的時候，我會將一個大的垃圾筒侍立在旁！當我在聖道神學院（Logos Bible Institute）教書時，我會在晚上批改學生作業；衣物在晚上摺好、任何要熨的衣物也會在太陽下山後進行。作為教師與作者，我需要很多解釋例子或插圖，於是我會在晚上翻看一些名人言錄、傳記及美術書籍；在晚上我集中在一些較輕省的活動上，看一些較輕鬆的書籍，將費神的評論或研究書籍留在日間閱讀（需要能量）！我不知道你的情況，但在我家中就有很多雜物堆，有些晚上我會清理一兩堆。

編排你的「黃昏檔案」，並計劃在你的黃昏加上少量的夜間工作。你的檔案內可能包括剪下優惠券，或翻看食譜並製定餐單。你亦可跟隨神美麗婦女的步履，在晚上從事縫補、編織、刺繡或作十字繡的工作。在晚上製作聖誕禮物，將包裹工作留待太陽下山後進行。你又可在晚上看你鍾愛的報刊或專業雜誌，並利用晚上追求你的個人興趣。要是你喜愛藝術、古典音樂、烹飪、園藝或歷史，何不租用教育錄影帶在晚上觀看以代替看電視？或一邊聽錄音帶一邊作筆記？

可能你想與家人一起看電視或至少共處一室，我知道很多丈夫都要求妻子陪伴他們一同看黃昏電視節目，要是這樣，作家區安妮（Anne Ortlund）列出了二十二種你可作的事情，以下是一些例子：看看年曆，計劃未來、修腳甲、給老友寫信、剪指甲、更新食譜檔案、將舊相片放進相簿內、擦銀器、給你的牧者寫一張鼓勵的字條！[3]

我美麗的姊妹，我的意思是，將日間時間——你精力最旺盛的時候——留給一些要求相當體力及腦力工作。而當黃昏來臨，你的精力開始減退時，與其繼續掙扎或頹然倒下休息，倒不如效法我們那位美麗而勤奮的婦人：轉變活動。就如箴言十章4節告訴我們：「手懶的，要受貧窮；手勤的，卻要富足。」意思是指懶惰的人不會有收成，勤力的人倒要成功。所以要為勤奮而計劃！

3. 為黃昏時間作好準備：若你編排一個「黃昏檔案」，你會有一些可在晚間進行的具體活動，並清楚知道該如何為這些活動計劃。所以，趁著太陽還沒有下山，在你還未覺得疲乏困倦之前，先為你夜間的少量工作作好準備工夫吧。若我要整理研經資料，我會在咖啡桌上先把功課本排成一行；若我要作簿記，我會在飯廳擺設書桌，使我一面工作，一面也可與家人一起。我有位朋友，他特別造了一個小小的書信罐子，用來擺放文具、明信片、便條、郵票、信封、筆以及地址簿。你也可在丈夫的安樂椅旁邊設類似的設施，然後寫信。我的朋友茱迪（Judy）將她的畫架放在溫暖的起居室中；而我的室內腳踏車，也長久地放在家中——不斷提醒我要繼續運動。

我發現一些可在晚間作更多工作的妙訣，其中一個就是運動或出外散步，從而提升自己的能量以應付晚間的工作。另一個妙訣就是不斷告訴自己：「不如多作一項工作吧。」當我完成了一項，我又告訴自己，可再多作一項事務；在我還未察覺時，我已經整個黃昏不斷地在多作一件事！又或者我告訴自己：「多作五分鐘後便休息！」（我曾閱讀有關「業餘與專業的分別就是在於多作五分鐘」的書本[4]）再次，我驚訝又興奮地發現，當所有的「多作五分鐘」加起來，便等於額外的三至四個工作小時。

4. 善用你的黃昏時間：評估、計劃及預備都是好的，但最終你得善用晚上的時間，那是需要努力的！神美麗的婦女「手拿撚線竿，手把紡線車」(箴三十一 19) 。你的手在晚上會作甚麼呢？拿著零食？另一本浪漫小説？至愛的錄影帶？你的枕頭？電視遙控器？這一章是有關勤奮，也是邀請你讓自己的晚上變得更具生產力的一章。

若你在家外另有工作，你可能會發現，當你回到家時如何善用黃昏的時間顯得別具挑戰性。以下〈職業女性必讀〉一文的作者描述自己如何善用晚上的時間。

> 黃昏？我會在前一晚預備所需的衣服及為早餐作預備工夫。當我逐一問候各人以後，便收集這天的污衣，然後開動洗衣機；之後我會做晚餐，晚餐是我們的家庭時間，我儘量令晚餐時間輕鬆愉快。晚餐後，我將洗淨的衣物放到乾衣機，然後清理廚房。(每次我預備晚餐時，都會預備一份造傳統聖誕曲奇及麵包的麵團，全部將之冷藏，之後某一個晚上大家便可享受一次大型的烘製活動。) 我將清洗冰箱、爐灶、杯櫃的工夫留待晚間進行。若日間工作太繁忙，我會小休三十分鐘。現在因我的寫作時間緊迫，我會花更多時間在打字機前，但我一邊工作，一邊亦會張開耳朵聽著乾衣機停止轉動的聲音，然後取出衣物……入睡前的最後三十分鐘，我會用來改善自己的儀容，如做運動、皮膚護理、刷牙及護甲等。[5]

這位美麗的女士有那麼多夢想、那麼多工作，她根本就沒有時間在電話談個不休或躺在沙發上看電視，或收取一天辛勞之後的回報。不，她知道她的家是她的最佳表現以及真正成就的所在。正是這一個理由，推動她趁著黃昏與家人相聚、料理家務、有創意地烘製餅食，及從事個人寫作。當你開始了你夜間的少量工作後，你會發現你得著鼓勵繼續下去！

5. 在黃昏時間思考：即使你在做著沉悶或例行的呆板工作，你的思想也可以是非常活躍的。當你的雙手忙於工作時，少許的靈感或創意的火花也可在腦海中閃過。當神那美麗的婦女把原料紡成紗線時，她的腦海很可能正想著如何處理她的線及布，甚至她會停下一會兒捕捉她的靈感。她的身體雖在休息，她的手卻在轉動，她的思想則在設計，使她創造了獨特的衣裳，並決定配上相襯的飾物、要繡上的圖案等等……。不管你那份「不用腦袋」的工作是甚麼，儘管讓你的腦袋從事創作，選擇一個有趣味或嚴肅的項目去思索，或訓練自己去夢想！

邀請成為美麗

談到夢想，我想挑戰你去夢想！首先，列出一些你個人喜愛，一些很個人、心中十分喜愛的項目。你有否發現，只需少量的夜間工作，你就有可能將這些「個人專長」轉化為「專業」？我認識很多婦女同時擁有兩項專業：一在日間，另一則在晚間。

舉個例子，家母是莎士比亞專家，她日間教學，晚間則變為女裁縫。在我成長的過程中，她為我縫製所有的衣物；我在大學求學時，她仍會每週送我一箱新製的衣裳。母親經常利用晚上——往往至凌晨二時！——去縫製窗簾、枕頭套及裝飾用的花邊。她製造我們的浴衣如施魔法，更巧妙地為我的洋娃娃縫製衣服，又為我們的小狗作一件聖誕衣！母親活出了這美妙的詩句：「婦人的愛猶如明燈，在黑暗中綻放最明亮的光輝。」[6]

我認識很多朋友同時擁有兩項專業，其中一位日間是中學教師，晚間則為畫家。另一位日間是學校校長，晚間則為作家。我的小女兒日間管理我的辦公室，晚間則為業餘大廚。另一位朋友日間是幾個幼兒的母親，晚間則為專業的油畫家。

我再次問你，並促請你思考：一些少量的夜間工作可如何幫助你，使你對家庭、家人的夢想成真，或實現你個人具創意的事業？你可如何將個人熱愛的嗜好化為專業的工作？請向神這位一切美麗之物的創造者低聲禱告，求祂引領你的心及雙手，勤奮去作少量的夜間工作，以助你實現你的夢想。

13

施以援手

她的憐憫

「她張手賙濟困苦人，伸手幫補窮乏之人」

（箴三十一20）

神美麗的婦女令人印象難忘，是不是？她值得信任、樂意助人、勤勞不輟、節儉、有創意、善於管理、料理家務，她在以上各方面都表現出色。但緊接這一連串的才德之後的是她好憐憫的品格，你不會因此深受鼓勵嗎？箴言三十一章的婦人在神眼中是真正的美麗，她努力賺取利潤，但那些利潤除了讓家人得益之外，更令其他人受惠，因為「她張手賙濟困苦人，伸手幫補窮乏之人」（箴三十一20）。她的努力及才德令她寶貴的家人得益，但她更隨時樂意慷慨施憐憫予不幸的人。雖然她為家事繁忙，但也不至於忘掉其他人的需要。沒有了敬虔的憐憫，她的勤奮及工作會使她變得忙而冷酷，因為她忙得沒有時間照顧別人！

她的手

在前面的十二章，你和我都為神那美麗的婦人而驚歎，又驚訝她那強健及充滿精力的身體；現在，箴言三十一章20節即將我們的注意力集中在她的雙手上。

第20節上是：「她張手賙濟困苦人」。若我們明白這裏的希伯來用語，就會看見這位滿有憐憫的婦人正向我們展示她的美麗（如張開她的手一樣）。一隻張開的手，比喻了她慷慨樂施的本性。例如，若有人需要金錢，她會伸手到錢袋去與人分享她的財富；若有人需要麵包，她會遞上自己烘製的麵包；若有人欠缺禦寒衣物，她更會奉上她夜以繼日（13、18～19節）親手編製的羊毛外套（21節），（在她那年代，一件羊毛衣的價值可高達兩個月工資以上！[1]）如一位婦女寫道：「當鄰居衣衫襤褸、生活窘迫的時候，我會磨練自己的針線及縫紉的技巧（而不是口舌）。」[2]若在她的能力範圍以內，箴言三十一章的婦女會張手奉上一切所需的（箴三27），神美麗的婦女把握每個施以援手的機會！

她的雙手

第20節下是：「她（又）伸手幫補窮乏人」。作為神眼中看為美麗的婦女，慷慨不只流於物質施予的層面上。這裏所指的「手」是眾數，表示這些活動是需用雙手的，例如照顧病人就需要雙手，照顧嬰兒、孩童、老人，以及病人都需要雙手。箴言三十一章的婦人以雙手服事別人。她不怕摺起衣袖接觸那些受苦的人。無論需要的是甚麼，她總會伸出雙手——她那雙真正張開、掌心向上的手——貢獻她的好處，或任何有益的活動。[3]

她的心

看見神美麗的婦女樂於施予是好的；但那位有智慧的母親兼教師向她的兒子（也向我們）指出，這婦女是以心施予的。「張」與「伸」表示她在能力所及的範圍內都樂意施予。[4] 你知道，這樣的伸展需要一顆心——一顆慷慨的仁慈的心、一顆跟隨神的心（30節）。這可愛的婦人全心全意地為困苦人和窮乏人付出。[5]

當她「伸展」她的憐憫及同情心時，她也伸展她的心。她沒有將其美麗的雙手抱在胸前休息，也沒有用以緊握她的利潤，更沒有令雙手為增添財富而忙個不停；反之，她為四周有需要的人伸出她張開的手！她留意到這些人，她同情他們的需要並樂意隨時幫助；她的心及她的寶庫全然打開，讓豐富的祝福大方地傾倒於其他人身上。她沒有為其家人劃定狹窄的周界，排斥界外的人，卻是順從一顆仁慈的心，打破界限，接納他們入內，她那愛的圓周容納一切需要她幫助的人。

留心神的話

當我到各處演講時，通常會預留一些問題解答時間；某次演講中，一位聽眾寫了以下的問題，我保留多年至今：「請按你對箴言三十一章的研究，講解一下何以經文沒提及該婦女參與『事奉』。」

當我看著神美麗的婦女時，我肯定看到她的其中一項事奉，就是照顧困苦人及窮乏人(20節)。她之樂於施予不但是由心中而出，也是由一顆順服及敬拜神的心發出的，作為敬畏神的婦女(30節)， 她順服地行在祂的話語中。現在，有關憐憫一事，請聽主的話如何說——並請留心祂應許的祝福：

- 「你弟兄中若有一個窮人，你不可忍著心、揝著手不幫補你窮乏的弟兄。總要向他鬆開手，照他所缺

乏的借給他，補他的不足。」(摩西律法，申十五 7～8)

- 「世人哪，耶和華已指示你何為善。他向你所要的是甚麼呢？只要你行公義，好憐憫，存謙卑的心，與你的神同行。」(彌六 8)
- 「好施捨的，必得豐裕；滋潤人的，必得滋潤。」(箴十一 25)
- 「憐憫貧窮的，就是借給耶和華；他的善行，耶和華必償還。」(箴十九 17)
- 「眼目慈善的，就必蒙福，因他將食物分給窮人。」(箴二十二 9)

當我們繼續學習何謂神眼中的美麗時，我們看見，照顧困苦人及窮乏人是神一項主要的關注。這美麗又敬畏神的婦人知道這一件事，因她熟悉神的律法，並認真遵守祂的誡命。你曾否想過，她家人獲得莫大的祝福，是因為她慷慨幫助困苦人及窮乏人？又或者她的富足，不是因為她辛勤的工作，或因為她精明的管理或她的生意頭腦，而是因為神祝福她的慷慨？神的子民是神照顧困苦、窮乏人的渠道，神祝福那些遵從祂的話語而照顧他們的人！

富憐憫的姊妹

還記得我們一起開始攀登神美麗婦女的高峯嗎？當我們知道這婦女是真實時，我們都大感安慰，而我們也可透過神的恩典登上她那卓越的台階；的確有些人已經擁有她那偉大的品格了。在憐憫及施予的服事中，神美麗的婦女與聖經中憐憫的姊妹同行。這些在神眼中看為美麗的婦女包括了：亞比該，她餵養大衛的六百人（撒上二十五章）；撒勒法的窮寡婦，她接待了以利亞（王上十七章）；書念婦人，她給以利沙提供食物及住處（王下四章）；在約帕的多加，她為寡婦們做裏衣外衣（徒九章）。箴言三十一章的婦人也在這精英行列中——你都可以！

如何成為美麗

一旦你走上這條慷慨施予的路，你就不難發現，有很多黃金機會將神的憐憫延伸至困苦人和窮乏人身上。一些邁向豐足施予者的基本步驟不知可否幫助你？初學者不妨試試：

1. 從家裏開始：每一次的日出，都是你向其他人表達憐憫的新機會，這些機會是不難察覺的；你的孩子會因親眼目睹母親（一位在神眼中看為美麗的婦人）樂善好施的生命而受惠。

薛飛夫人就是這樣的一個母親，一位伸出施予之手的婦女。在她所住的地方，經常有些坐貨車而來的流浪漢，他們會從她的家經過，敲她的後門，求「一杯咖啡，或者一些麵包」，她從不趕走任何一個，反之，她把幫助流浪漢視為服事「最微小的一個」（太二十五40），又或者是接待「天使」（來十三2）的良機。她使出潛藏的好客之道，烘製果仁、作兩份厚厚的三文治，並翻熱餐後剩下的湯。當她手中拿著餐盤，奉上美麗的陶器、一束鮮花及一根點亮的蠟燭，帶著一本約翰福音由廚房走出來時，那些接受恩惠的人都會驚訝說：「給我的？真是給我的嗎？」趁他們吃的時候，她就唸約翰福音給他們聽，並讓他們拿去在路上看。那時到了後期，薛飛夫人才發現她的房子有一個粉筆作的記號，告訴其他流浪漢這裏有免費食物供應。薛飛夫人笑著說：「不要緊，這是我大女兒教育的一部分，再沒有其他途徑可給她這類教育了！」[6]

2. 定期奉獻給教會：很多教會服事無家可歸及貧窮的人。所以，透過你對教會的財務支援（林前十六2），你可以間接地為窮人伸出援手，張手賙濟困苦人（箴三十一20）。我教會為這裏聖非南多谷（San Fernando Valley）的無家者設立了一個「慈善廚櫃」，教會也將整體奉獻的一部分用來支持宣教士。你給教會的奉獻可以延伸至不同方向，甚至到達世界各地。

3. 留意別人的需要：留意四周有需要的人，然後到雜貨店購買雙份的乾糧，與一對在掙扎中的夫婦分享，或為一次特別奉獻傾盡慳囊。你也可以將孩子的舊衣服送給在困境中的年輕夫婦。當你到出售二手貨物的店舖時，買一些可以幫助別人的東西（一部給足不出戶的人用的助行器，或給未婚媽媽用的一個嬰兒搖籃）；你又可為接受化療的婦女預備特別的一餐。若想得到施予所帶來的祝福，你得時常留意別人的需要，這些黃金機會才不致擦身而過！

4. 奉獻給值得支持的組織或人：目下，我正研究那羣跟隨耶穌及在金錢上支持祂的婦女（路八2～3），她們為你與

我豎立了高貴的榜樣，因為——就如她們作的那樣——你與我也可以透過金錢奉獻，鼓勵很多人或組織。你可以直接捐獻給宣教組織，或支持你熟悉的一個宣教家庭；又或可奉獻作獎學基金以助培訓神學生，或幫助他們購買課本；你也可以支持一些參與夏季短宣的年青人。何不求問神，你可如何伸出雙手，在祂的工作上有份？

5. 為個人的計劃祈禱：當你求問神的心意，你可參與地上哪些聖工時，也求祂帶領你，以金錢奉獻作為你個人服事的計劃。透過以下的故事，你會驚訝地發現祂如何回答這些祈禱。

我在一個宣教會議中，聽見中美使命團（Central American Mission, CAM）成立的故事，那對我是一項挑戰。一八七九年的一個下午，兩位加拿大籍婦女坐在一起喝下午茶，她們兩個人的丈夫在哥斯大黎加（Costa Rica）擁有一個咖啡園。她們深深關注當地人的靈魂需要，但知道自己的個人限制，於是她們開始祈禱求神給予解決的方法。一八九一年二月，第一位宣教士由美國到達哥斯大黎加。透過這兩位婦人的禱告，中美使命團就誕生了！（這兩位婦人其實跟你我都沒有分別。）當你祈禱時，神會觸動你慷慨的心，給你服事的異象，那不是很奇妙嗎？

6. 可在慷慨中犯錯：當佈道家葛培理談及他的夫人時，他驕傲地笑道：「她管理家中財政的手法，是……慷慨多於精確！」[7] 擁有慷慨的心是多麼可愛！就像流水一樣，金錢若是停留不動，其用處就沒有那麼廣大了，你也不想成為以

色列的死海：它廣闊、不斷有水流入，但卻毫無用處，因為那兒的水沒有出路！

請小心，若你是已婚的，請緊記與你的丈夫一同制定政策，要了解他在施予方面的觀點，並知道他想在哪些方面作金錢奉獻，同意他所說的並尊重他的選擇，然後把你的思想、身體、手和心調校，朝著這些目標努力。

7. 活出愛：當早期教父奧古斯丁（Augustine）被問及愛是怎樣時，他回答說：「愛擁有一雙幫助別人的手；它有腳，迅速跑到貧乏和困苦的人那裏；它有眼睛，看見不幸和缺乏；它有耳朵，聽得見人的嗟歎及悲傷，這就是愛。」當你活出這種愛時，你便能為別人帶來莫大的祝福，那在神眼中看，是真正的美麗！

邀請成為美麗

親愛的，現在是自我評估的時間。若你在打理家庭時表現卓越，在管理技術上領先過人，完全發揮神給你的才幹，在你的專業範疇內光芒四射，知道你的丈夫幸福快樂，審慎控制家庭的財務，看到你的積蓄不斷增加、投資攀升，那是何等的美好！但神卻更重視你生命中的另一個美麗的指標——憐憫！

憐憫遠較其他才德更能反映主在你心中及生命裏的同在，憐憫為你自己及你所作的一切添上可愛馨香之氣；憐憫討神喜悅，在祂眼中看為美麗，所以我現在為你禱告，願你真誠地渴望，並求神助你成為一位慷慨、樂於助人、愛人、憐憫、在主裏真正美麗的婦女，樂於（並盡力地）為主的名，向任何一位並一切有需要的人伸出援手。

14

雙重祝福

她的準備

「她不因下雪為家裏的人擔心，因為全家都穿著朱紅衣服」(箴三十一21)

在著名的登山寶訓裏，耶穌宣稱，沒有誰的衣飾可與舊約所羅門極榮華的時候所穿戴的相比（太六29），但箴言三十一章那位婦人的家庭卻可媲美！

當她的家人穿上她親手紡織及修飾的傑作時，他們嘗到她帶來的喜樂，而她所愛的人也在她心中激起了大喜樂。她的家人穿著儼如皇室人員的衣裝，踏上以色列荒涼的街道，他們在街道上行走時不免引來艷羨目光！

你可能會開始想：神美麗的婦女在這裏失去了平衡，她過於注重外表。你會想：我們找到她的缺點，她是揮霍無度的！在你下這個結論之前，請記得這位敬虔婦女所知的事實：「艷麗是虛假的，美容是虛浮的」(箴三十一30）。她其實並不虛浮或世俗，反之，神美麗的婦女在這裏再次展現她對別人的關懷及愛護、她的創作力及她的才幹。只有這一次，她的努力是顯而易見的，因為她的品格在她家人的衣物上表現了出來。

高瞻遠矚

這是事實！以色列下雪！我跟丈夫在以色列考察時經驗過極酷熱的天氣，因我們曾攀登光禿乾旱的山脈，我們擔心所帶的水是否足夠，過於我們穿甚麼或裝束如何！故此我很難想像以色列會下雪。縱然我從《洛杉磯時報》（*Los Angeles Times*）剪下了一張虔誠猶太人在哭牆前敬拜圖片，圖片顯示他們腳底下的積雪有一英尺那麼高，但我依然很難想像以色列會下雪。

於是我問我們的指導老師，一位在以色列住了十三年的美國人。他由衷地點頭說：「會下雪呢，相信我吧！」然後他描述耶路撒冷那潮濕、冰冷及寒風刺骨的冬天，在欠缺甚或全無暖氣的情況下，以色列人要在石製的建築物內、鋪石的街道上，躲在石牆後忍受嚴寒。這位老師也經歷過兩個月沒有暖氣的嚴冬；那個冬天下了兩場大雪——每次的積雪高達十五英寸！雖然我只經驗過它的酷熱，但巴勒斯坦肯定幾乎每年都會下雪。

神美麗的婦女知道雪會在冬天飄至她的家鄉，但「她不因下雪為家裏的人擔心」（箴三十一21）。為甚麼？因為無論面對任何難題，她早已未雨綢繆，她不斷向前看，滿有智慧地為家人提供所需，21節下道：「全家都穿著朱紅衣服」。

她的遠見及事前準備不應令我們驚訝，因為在前面的十三章，我們早已見過這婦人心中的大愛、她的智慧、她的甘心樂意、她計劃將來的能力以及她管理的技巧。我們知道她是一位計劃家，她永遠向前看，深明未雨綢繆之道（15、27節）。我很容易想像，遠在雪片飄至之前，就有這樣的一幕：

一個清早，我們這位在神眼中看為美麗的婦女為家人起來以後（15節），就為所愛的家人禱告，她在禱告中為家人向神逐一祈求，想著可如何向家人表達她的愛，她就掌握了一連串「要作」的事項並寫下備忘：「為冬天作好準備，先尋找羊毛、購置一些紅色染料、紡線織布、製作禦寒大衣。」她會藉著替家人製作所需的禦寒衣物，為他們帶來祝福！

延伸的愛

看看誰是幸運兒，可得這類的祝福：「全家都穿著朱紅衣服」（箴三十一21）。每個住在這位美麗婦女屋簷下的人，到了冬天都有漂亮溫暖的朱紅衣服。

箴言三十一章的婦人照顧每一個人，我稱她這種照顧為延伸的愛！在20節我們看到她把關懷延伸至貧乏人及陷於困苦中的人，不管所需的是食物或衣物、個人護理或家居清潔，她都樂意提供協助。

但神美麗的婦女也照顧她家中的其他親人。想想誰會住在她的屋簷下？我們已認識過她的丈夫，並聽聞她有兒女，在她的年代（我們的年代亦然），老邁的雙親也是家中一分子；已婚的子女——並他們的兒女——也很可能一同居住。此外，還有父母雙亡的外甥外甥女或姪兒姪女、孤寡親戚，以及婢僕（15節）！依賴她照顧的人確實為數不少，她都慷慨地加以照料——「全家都穿著朱紅衣服」！

帝王的衣物

那麼，為家人提供「朱紅衣服」有甚麼意思呢？這顏色代表了她的供給是：

- 溫暖的：紅或朱紅（意思是「發亮」）顯示保暖的作用。[1]
- 威嚴堂皇的：朱紅是帝王穿的顏色，[2]代表了高貴、[3]豪華及壯麗。[4]
- 高素質的：這美麗婦女的家人配得最佳的衣物。她的家人都穿著羊毛衣——且是朱紅色的羊毛衣！——表明了她所提供的衣物素質是很高的。直至現時，很少人會擁有超過一件羊毛大衣。
- 雙重厚度：我肯定你能分辨一件平價單薄的羊毛衣，與一件豐厚及有份量的羊毛衣的分別。「朱紅」在希伯來文的其中一個解釋是「雙重」；當然，神美麗的婦女只會製造高素質、雙重厚度的衣物，為她的家庭帶來雙重的祝福。
- 雙重漂染：羊毛需經漂染才可變成朱紅色，若要染成真正的朱紅還需經過兩次的漂染。
- 名貴的：因為漂染的額外人工及時間，朱紅衣物是豪華及貴重的。[5]

令人驚歎的是，只稍微提及朱紅衣物已充分顯示這位女裁縫師的心腸。那朱紅衣物把她心中的信息，有力地傳送到她為之縫製衣物的人心中！

如何成為美麗

更令人驚歎的是，你與我也都可以發出同樣有力的愛的信息。若我們關心家人，供應及預備他們將來所需，他們便會因此蒙祝福。神那美麗的婦女手中握著年曆表及「要作」

的清單，花時間細想家人將來的需要並為他們作好準備。你也可以的，以下的幾點可列在你「要作」的清單上作為首要項目：

1. 決定將來的需要：打開年曆表，決定你未來的需要。想想在家中要作的冬夏維修工作：清洗椅墊、窗簾及地毯，羊毛衣物需防蟲收藏，也要預訂火爐柴木。

其次，想想你要負責的戶外工作：要清洗泳池、修剪玫瑰或清理排水渠嗎？何時需要預備花牀、播種或種植球根呢？

有哪些特別的家庭聚會將要來臨？是否有人將要畢業、快要結婚或生產？你有否在年曆表上，記下所有人的生日及周年紀念的日子？你知道，感恩節、聖誕節、復活節以及你的假期，都需要事先計劃的！更要預備開學、招呼朋友、接待客人在家吃飯、家庭聚會等等……

將每一個預計中的節目及需要都記在年曆表上，你的目標是要像神那美麗婦女一樣：有遠見，透過愛的眼睛展望未來，並以智慧行事——事先準備！

2. 預防緊急事故：我一向不太了解這個需要，直至一九九四年南加州這裏發生了一場六點八級地震之後，那才成了我的首要任務！那陣子我們連一支手電筒都沒有，現在我們在每一個房間，連手袋、抽屜、旅行袋及車子上，都備有電筒，而我每次出門也帶備一支手電筒！而這種防範未然的措施，不但只適用於住在受地震威脅的區域，也適用於每一處的每一個人。我的雙親住在易受龍捲風吹襲的國家，他們都

作好了準備。小女兒以前住在常遇颶風的考艾島（Kauai），現在住在利羅拉多州（Colorado），昨天才經歷了一場突如其來的水災。你是否住在風光如畫的雪地？那兒可能會有雪崩的危險。又或住在美麗的河堤邊？大雨後隨時會有河水泛濫的危險。

讓我再次重複：無論在甚麼地方，每個人都要作好準備應付緊急事故。每個人都要練習走火警、決定緊急應變計劃、預備急救用品、緊急應變的食物和水。神美麗的婦女並「不擔心」（21節），因為她已作好準備。只要少許的預備工夫，你和我都可以享受思想上的平靜泰然。

3. 清洗及保存衣物：談到照料家人的衣物，第一件就是要保持衣物清潔。所以，選定一天為清洗日，並且別忘了（那於我是困難的）！經過了清洗、烘乾、摺疊、熨好*以及*存放入櫃的所有工序，才算是完成了清洗衣物！你的目標是要為家人提供隨時可穿著的衣物，那代表了破爛處已經修補、掉了的鈕扣已補上。衣物也需妥為保存，必要時需加上防蟲劑、儲存及包裹妥當。你衣物的價值會隨之增加。不信嗎？可問問你的保險經紀！在箴言三十一章的年代，衣物就如金錢一樣，可當作按金用來做買賣。（箴二十16）

4. 顧及素質：就如海軍只需「少量精兵」，你的家人也只需少量美好的衣物。很明顯（從朱紅的顏色可以看出來），神美麗的婦女注重為家人提供優質的衣物，而不是大量的衣物！

5. 顧及舒適：無可疑問，你家人的舒適、保護、溫暖及健康是你的主要關注，那也是神美麗的婦人所關注的。事實上，她對家人的關心，無疑是朱紅衣物背後的推動力。那些衣物是朱紅色的、具雙重厚度、素質優越，原因只有一個：這些外衣要既溫暖又美麗——一份雙重的祝福！

6. 顧及美觀：這位在神眼中看為美麗的婦女，她的生命為我們示範了神的標準，那包括了她如何為家人提供衣物。她是專業的織工兼藝術家，故此你不難想像，她為家人提供的衣物是何等的美麗！很明顯，這些衣物色澤鮮艷、手工精巧，並繡上珠子、寶石及金線等飾物（箴三十一21、22、24）。但我知道這位婦人的才德，我有信心她表達美麗的方法不會過於做作或誇張，她所縫製的衣物，純然是她表達大愛的途徑，你也可直接從你美麗的心靈向你的家人表達愛意。

現在，親愛的讀者，在完結這個題目之前，我不能不告訴你有關我朋友萊多雅（La Tonya）的故事，她有五個小女孩。當我在星期日早上看見她與她微笑的丈夫，及那五位穿著整齊的小千金時，實在令人心情開朗。我很難想像她替五個小女孩紮辮子、編馬尾、結絲帶，並插上各樣髮飾所用的時間！由她們光亮的小皮鞋，以至她們筆挺的裙子；由擦得光亮的面容、清潔光澤的頭髮，以至精巧的手袋及聖經，在在都是萊多雅那出於愛心照顧的小見證。她的家人因她忠心的服事及供應，實實在在地得著了祝福。你的家人也可以的！

邀請成為美麗

驟眼看來，講論衣服及預備工夫的一章似乎不太重要，然而親愛的，這一章是有關在神眼中看為美麗的婦女擁有的另一種才德：預備工夫。

首先，我們要知道預備工夫對神是重要的，祂會引導你的計劃，因為祂供應我們一切所需，祂的名是「耶和華以勒——神必供應」！如果我們願意為我們所愛的人提供所需，你與我也可反映神這方面的性情；並且，若是我們早作計劃，作好準備的話，這些供應便會來得更容易——假若不是更豐富的話。其次，當我們為家人提供衣物，並預備他們將來的需要時，我們的行動就大力地帶出了愛的信息。然後，若你已按不同的人生階段作好準備，並信任那位照顧我們、愛我們、滿有恩惠及豐足無缺的神，你家中就永遠沒有恐懼的餘地。透過你的預備及神的供應，你所愛的家人確實是蒙雙重的祝福！

15

美麗的繡帷

她的手工製品

「她為自己製作繡花毯子；
她的衣服是細麻和紫色布作的」
（箴三十一22）

在你與我首次捕捉這位在神眼中看為美麗的婦女（她惟一一次）為自己所作的之前，我希望我們可以稍停一會，回望我們已走過的路。我們在第一章開始攀登的旅程（記得馬薩他嗎？），然後，在箴言三十一章神那位可愛的婦女的引領下，我們一步一步地朝著屬神的美麗進發。

我們已看過神美麗婦女的品格，她確是一位才德之人，表現卓越。我們也看過她的心力及體力如何讓她妥善處理日常生活的挑戰及要求。我們讚歎她對丈夫及孩子恆久及深厚的愛，她亦在行動中活出這愛；她不認為為他們作出犧牲的代價過於高昂！她更沒有只顧自掃門前雪，她的愛由家庭伸延至在她家中居住的人，及社區中有需要的人士。我們絕不懷疑她能幹的管理、她的創意，及她令人佩服的勤奮精神。

如我曾提及，在舊約時代，每天當陽光照射在貧窮的土地上，人們首要關注的問題僅僅是如何活下去，但我們看見這婦女——一支才德的軍隊——她不但為家人提供足夠生存的必需品，更提供豐富的供給——豐富得可以分給窮人，又可以賣給那些有能力負擔的人！現在，照顧了家人在食物及衣服方面的基本需要後，她將注意力轉到美化家居方面，我們可以一瞥神美麗婦女的家居，甚至可以窺見她自己！但我不想走在經文的前頭，所以，讓我們先看她那美麗的家居吧！

美麗的家居

有哪位婦女不想令自己的家成為一處美麗的地方？神美麗的婦女也不例外！事實上，她的表現更超越別人（箴三十一29）！

箴言三十一章22節說：「她為自己製作繡花毯子」。驟眼看來，這句子似乎是在描述她的衣櫥，但「繡花毯子」其實是她家居的佈置。有些聖經譯者稱這些為家居地毯、織造的牀罩或墊子。[1]其中一個譯本更說：「她為自己製造被褥！」[2]

我們已看過，紡織在神美麗婦女的生活中，並在巴勒斯坦的文化中擔當了一重要的角色。這位具創意的藝術家在腦海勾畫一件製成品，然後尋找羊羢和麻，將之加工，轉化為可用的原料。她用無數個晚上坐在撚線竿及紡線車前工作，將羊羢和麻紡成紗線，織成只有藝術家才能製作的美麗布匹，為家人造衣裳；用御用的紅色造成帝王穿著的衣物！可見，她還有剩餘的紗線、布匹、創意及精力！於是她製作繡帷點綴家居，一些配得上君王使用的繡帷。

神美麗的婦女以其忙碌的雙手、洋溢著愛的心，開始為枕頭、被鋪、坐墊、帷帳、掛畫、枱布、地毯、蓆子及椅套繡上圖案以裝飾家居。我們那美麗的織工，更自行設計及製作毛巾、手巾、被單、棉被、牀單及牀罩。不同的顏色、質料、圖案及風格，為她冰冷的石屋帶來美感與溫暖，使家居變為感官上的享受。她真是一位藝術家！她的手工製品全都是傑作！

在22節裏隱藏了的一個比喻說明了以上的事實，這事實是由「製作」一詞締造的（「她為自己*製作*繡花毯子」）。箴言三十一章的婦人以最原始及基本方法製作繡花毯子：用她的雙手作這艱巨的刺繡。但*製作*也指「覆蓋物」或「裝飾物」，在希伯來文裏描畫了一張誘人、舒適及華麗的牀；[3] 當神美麗的婦女完成了她的手工時，她的牀就覆蓋著色彩斑麗的手織枕頭、牀墊、牀罩及繡帷。[4] 事實上，她整間屋子都以美麗的繡帷作為裝飾！

家居美麗的審核

在離開箴言三十一章婦人的家居前，讓我們看看我們為自己美麗的家居所製作的繡帷：

審核1：假設自己是訪客。經過你居住的地方，你看見甚麼？到訪賓客會留意甚麼？你的家居締造了甚麼氣氛？你所見的，有甚麼令你喜悅的東西？有甚麼是你想改善的？有沒有礙眼的、淩亂不堪的？作為持家之人——你家庭的管家——你有責任使家居給人留下深刻印象，並建立歡迎的氣氛及美麗的環境。

審核2：計劃改善家居。神美麗的婦人肯定是凡事親力親為的！請你在管理家居上緊記這一點。你現在正忙著進行

甚麼計劃？我就忙於為我的辦公室尋找紅色的布作窗簾。你的工作間需要重新塗上油漆嗎？地毯上有沒有拭抹一番便能除去的污迹？你的窗戶要徹底清潔嗎？你有沒有拖延甚麼維修工作？

不是所有改善家居的工作都需要花費的。事實上，最大的改善莫如清理雜亂的物件！（當我完成這本書後會清理睡房！寫到雜亂物件時，我像被判定有罪似的！）一些重大的改變是源自你的心和意志，我所指的是在花瓶裏插上鮮花、展出一件色彩美麗或有趣的物件、重新擺設家具、在茶几上放些小玩意，或以你的私人珍藏加強你所展示的關懷，並為你的佈置平添個人獨特的品味。

審核3：得丈夫同意。神美麗的婦女處事有其優先次序，排在這次序的首項是家人的衣物，其次就是家居。要明確知道你的丈夫及經濟狀況均認同，現在是適當時候花金錢裝飾家居。神美麗的婦女深明等候的道理（箴十九2）！

審核4：超時工作。我所指的是在家中超時工作，而不是在辦公室。神美麗婦女長時間工作，且工作至深夜（箴三十一18），所以預留一個星期六，或一至兩個黃昏從事家居改善計劃。

不論你的家在哪兒，*你*的家是你表達*你*的才德、*你*的能力、*你*的愛的地方。縱然你不能決定你家居的種類，但你卻可決定它的美麗，你可控制家居的清潔，使之有組織及有秩序；你也能選擇你鍾愛的顏色、格調及氣氛。

可能你現時的家居並不能稱為理想，但請想想在聖經中一些姊妹稱為家的地方吧！夏娃照顧的是花園；挪亞太太管理的是一隻方舟；撒拉是帳幕的主母；以斯帖住在異地的皇宮；馬利亞住過馬棚；彼得的岳母在她的石屋熱情款待客人。所以，無論你搬遷多少次，你是那位美麗、以美麗心腸將之變為一個家的人！你要負責以手工及裝飾，將居所變為一個「家，甜美的家」！

當我與家人在新加坡宣教時，我面對一個真正的家居挑戰。在新加坡，我們住的是混凝土房子，不論牆壁、地面或天花板都是混凝土。（事實上，當我們清洗家居時，我們只需開啟軟水管放水清洗便可！）在遠離我的家人及朋友的熱帶國家，我「建立」了我的家，盡我所能的給我的家溫暖及愛的感覺（箴十四1）。當我們回到美國後，我們面對的挑戰更大，因為我們在兩個月內搬了四次家，其中兩處更需以睡袋蓆地而睡。但每一處都是我們的家，因我決定要將之變成一個家！當你努力創造一個家時，即使四個睡袋排成一行，這情景也可變為美麗！

高貴

最後，每個人都得到照顧！有需要的得到溫暖、家人在紅色衣裳中悅目耀眼、家居是美麗的，也能為那些進出的人提供愛與和平。現在，是神美麗的婦女籌算自己穿甚麼的時候，是時候讓她穿戴與自己的社會地位及財富合稱的衣飾了。

首先，我們看見「她的衣服是細麻和紫色布作的」（箴三十一22；編按：參呂振中譯本，細麻譯作麻絲。）。因為她是藝術家及高貴的女士，她為自己的衣物添上高貴的品味。神美麗婦女是配得絲質及紫色衣物的，那是她的一部分！作為一位具才德、智慧、能力及威儀的婦女，她是配穿帝王衣物的一位才能出眾的婦女，她的衣著也反映了她的個性。

雖然箴言指出她穿的是絲質衣物，這個字應理解為幼細的麻布，就是她親手由麻所織成的。當她縫製成衣服時，高貴的品味活現了出來，現在在陽光底下，這些白色幼細的麻布更閃亮如絲。她自己穿戴的風格，顯示了其內在的「能力及威儀」（25節）。

我們亦知道她的衣服是紫色的。這種昂貴的紫色染料，是從地中海東岸的一種貝類動物抽取提煉而成，非常罕有及珍貴。[5]神美麗的婦女很可能在商船駛進港口時，以她的手工藝品換取這種罕有及貴重的染料。很明顯，紫色是她辛勤工作及精明管理的另一個指標。

品味

談到這些花費及珍貴的物品時，可能會令人覺得她有點高傲、過於炫耀及輕浮，但我們卻需知道以下的事實。

首先，神美麗的婦女並沒有一個滿載衣物的衣櫥，她只有少量具素質的衣物，而每一件都是她以數個月（甚或整年）的時間為自己製造的。

第二，箴言三十一章是一首讚美詩，除了她的才德以外，她的美麗衣物也是備受讚賞的。她的衣物是從人手織造的美麗布匹剪裁出來，加上精巧的繡工，造成溫暖豐厚的衣物，可媲美帝王的顏色，一切都是她親手做的，從原材料的羊羢和麻開始（13節），直至製成了華麗的衣物。

也不要忘了，神美麗的婦女永不會忘記她的優先次序。她從不會輕視別人以炫耀自己華麗的服飾，這類的自私是不值得讚賞或稱為美麗的！她適當地將自己放在次序的最末後。

最後，記得箴言三十一章是出自另一位高尚婦女之口，誰比婦女更了解婦女呢？利慕伊勒王的母親告訴她的兒子，他理想的妻子應如何穿著打扮，這位老練的母親注重：

- 她的*社會地位*——神美麗的婦女具尊嚴、財富，且地位崇高，她的衣著配合她的社會地位。
- 她*實踐*勤勞並熟練的管理，令她得著實質的回報——她有經濟能力，並甘心投資時間與努力，按自己的地位穿著打扮。
- 她的*專業地位*——當她在耶路撒冷鋪鵝卵石的街道上穿插時，她自己就是她精細手工的人物廣告，女裁縫師當然不可衣衫襤褸。
- 她*值得稱讚的品格*——才德妻子的穿著代表著她真正的性情及威儀。

有了這觀點在心，我們也可與這位年幼王子的母親，一同歡喜地說：「願她享受操作所得的；願她的工作在城門口榮耀她」（箴三十一31）。這位在神眼中看為全然美麗的婦女，完全配得華麗衣飾。

如何成為美麗

思想神在箴言三十一章22節有關個人衣櫥的說話，我相信祂的信息可分為三大要點：

1. 你的關顧：照料你的衣物，就如衣物本身同樣重要。你照料衣物的程度，可在修補破口、縫上鈕扣、去掉污迹、洗濯衣物以及（不要忘了這重要的最後一步）把衣物熨得筆直的過程上顯露出來！你照料衣物的方式反映了你的個性及你的價值觀。所以，看看自己衣物的一般情況及外觀如何，從你照料衣物當中發出了甚麼信息？美麗是由清潔整齊開始的。

2. 你的形象：你的外表不單影響你自己，你的打扮及外觀也為你的家人發出信息。要是你在公眾場合維持一定程度的整潔及尊嚴，那就能為你的丈夫、他的名聲以及他的孩子帶來美譽。

神美麗婦女的丈夫「在城門口為眾人所認識」（23節），但他不像一個娶了愚婦的可憐蟲，也不像一位不修邊幅的太太的丈夫。（如一位聰明的作家寫道：「『太太』的稱謂，並不代表骯髒難看的樣板」[6]）絕不！箴言三十一章那婦人的丈夫，眾人認識他是與一位照顧周到、為人慷慨及有吸引力的*女士*結婚。

你和我也沒有分別！我們的外觀是丈夫及孩子的美譽——甚至也反映了我們的雙親及我們的公司！其他人會基於你的外表產生某一觀感，這觀感又會令他們對你的家人形成某一印象。正因如此，我嘗試遵從以下的一點忠告：「若是更清潔、更整齊、梳理乾淨意味著與眾不同，那你就不妨與眾不同；每出席一個場合，外觀上較別人好一點總比較別人差一點為佳。」[7]

3. 你的標準：你我都追求神愛惜的那種美麗，你我都想達到祂的標準，但祂的標準是指甚麼呢？在這標準的第一項

是正派，適中緊接其後（指行為及衣著打扮合宜得體），之後的是中庸、謹慎及端莊（提前二9；多二5）。這些美德聽來有點落後，但這是敬虔婦女由心中發出的氣質（提前二10）。愛我們的主永遠看重我們內心的修飾，過於外表身體上的打扮：「你們不要以外面的辮頭髮，戴金飾，穿美衣為妝飾，只要以裏面存著長久溫柔、安靜的心為妝飾；這在神面前是極寶貴的」（彼前三3～4）。阿們！

邀請成為美麗

現時是你在自己那美麗家居及衣物表達個人創意的時候，每一樣都在它的時間內！

在神眼中看為美麗的箴言三十一章婦女是一位織匠，而你也是一位織匠，你可為你的家織造美麗的繡帷，不論你家在哪兒！你需要甚麼工具？一個字：愛。以愛的手編織愛的線，並表達愛心，你便可有創意地甚至將一個營地轉化為一個家。每當你的心及雙手一同努力時，不論在甚麼時候任何地方，都能產生這種轉化。

親愛又美麗的織匠，神不斷給予我們機會，讓我們不單表達我們的愛，而是更有創意地分享那份愛。經你細心經營的美麗家居及衣櫥可以祝福很多人呢！我們在詩篇讀到「諸天述說神的榮耀；穹蒼傳揚他的手段」（詩十九1）。在一個較細的規模下，你的手工也可以將榮耀歸神及彰顯祂的美麗。所以，推動你的心、推動你的思想去轉動、推動你的手去工作，看看你可創作甚麼手工藝來榮耀我們奇妙的神？

16

具影響力的男人

她的丈夫

「她丈夫在城門口與本地的長老同坐，
為眾人所認識」(箴三十一23)

縱然我們身處的文化或已不再重視，但妻子一個最重要的角色，是支持她的丈夫。在神眼中看為美麗的女人知道如何支持她的丈夫。讓我以司布真夫人（Charles Spurgeon 的妻子 Susannah Spurgeon）的生活為例子。司布真先生是倫敦都市會幕（Metropolitan Tabernacle）有名的傳道人，他的事奉工作如日中天，但是他卻擔心可能忽略了他的兒子，於是一個晚上，他提早回家去。當他開門入內，他很驚訝地發現，孩子竟然都不在客廳裏，於是他拾級而上到房間去；他聽到妻子的聲音，便知道她正與小朋友一起祈禱。在祈禱中，她逐一為小朋友提名禱告！她禱告完畢，就吩咐孩子入睡，之後司布真便想：「我現在可以返回工作崗位去了，因我的孩子得到很好的照顧。」[1]試想想，因為司布真夫人對家庭的忠誠及勤奮工作，她把丈夫讓給世人，藉他的話語繼續觸動人心、令人悔改；而他的四個兒子後來也都成為牧師。

與有影響力的男人結婚

到了箴言三十一章的這一節經文，我們終於可以知道，更多有關她丈夫的事情了！在11節時你我已經認識了他，他是一位信任妻子、將自己的靈魂安然靠在妻子美麗的品格上的丈夫。他是那位幸運兒，妻子立願終生使他有益無損（12節）。我們亦看見他的妻子為他預備飯菜（15節），並管理他的家居（15節）及財務（11節）。因為妻子的手工藝，他可以穿著朱紅色的華麗衣服（21節）。「才德的婦人誰能得著呢？」（10節）這個男人已經得著了！神確實很恩待他，祂賜他一位屬神美麗的女子為妻！

神除了透過妻子厚厚祝福這位男士外，他自己也是許多人的祝福。他是一位有影響力的男人。讓我解釋一下。「她丈夫在城門口與本地的長老同坐，為眾人所認識」（箴三十一23）。在箴言三十一章的婦女的那個年代，城的四周皆圍有保護牆，但設有城門讓人們進出。這些位於城門的進口處設有一至數間大型的議事室。事實上，當我與丈夫參觀每一座較有規模的城時，都可看見那護城圍牆的痕迹，以及很多寬敞的議事室。現時，這些房間，有的闢作士兵哨站，水井火爐以及通往城牆頂部的梯級；而其他的議事室則用作政府的官方辦事處。

究竟城內居民每天進出城門口時，在這些議事室內有甚麼事在進行中呢？在清涼的石室的保護下，城內的領袖議決法律及政府政策。他們在此進行討論、解決政治問題、宣讀官方布告、處理公共事務、進行審判以及解決法律問題。

正是在這城門口，箴言三十一章的婦女的丈夫被人「認識」（23節）。事實上他是有聲望之人：「他與當地的眾長老同席」。很明顯，他在公職上貢獻良多。他被推崇為領袖，所以他對社區生活的影響力很大。甚至，很可能，他在城門口的會議上也佔有一席，標誌著他是個重要人物，一個有能的參事。他更可能是當地司法團體內的其中一位長老。這個受人尊崇的團體每天都在城門口舉行會議，處理呈交他們辦理的公共事務並裁定案件。[2]不管是上述情況的哪一種，我們都看到這位男士的知名度，因為他在城門的議事室與那些受人尊重、專責管理法律事務的地方領袖同席。[3]他是一位有名望的公民，深得市內居民及社區官員的敬重，他確是一位具有影響力的男人。

成功男人的背後

記得箴言三十一章10至31節的背景嗎？一個年輕王子——未來的領袖、君王、統治者、滿有影響力的男人——正在學習生命的第一課（箴三十一1）。她那有智慧及在神眼中看為美麗的母親，自己就與一位領袖、君王、統治者及有影響力的男人結婚。因此，作為忠誠及滿有情感的教師，她正教導其兒子，一個有影響力的男人需要甚麼類型的婦女作為妻子。直到現時，我們已看到這位婦女必須配合作君王的丈夫，在她的範疇內具影響力並發揮功能，就跟她丈夫一樣，她必須在所服事的社區中贏取尊重及名望。很明顯，那位聰明的母親知道：每一位成功男士背後都有一位成功的女士！（就如現代諺語所說：「當男人攀上成功的梯級時，他的妻子就扶著梯子」！）

當我想到箴言三十一章所描述的丈夫與妻子，我就覺得他們好像一對書夾：二人皆是社區的中流砥柱、在城門口為人認識（23、31節）；二人都致力為他人謀求益處（20、23節）。雖然他們各自影響的範疇不同，但都抱著同一個宗旨：服事別人；二人展現了同一的才德性格。如智慧的所羅門之言：「兩個人總比一個人好」（傳四9）。二人的配合如何發揮作用？請看以下事例：

- 他貢獻社區；她作他的助手（創二18）。
- 他在城市管理的範疇取得成功；她的成功則在家庭及家庭管理的範疇。
- 他樂於工作；她樂於在家中工作。
- 他得到人的愛戴和尊敬；她則透過自己的言行作為模範，保存及提高他的聲譽。
- 他是一位可靠且具影響力的公民，受人尊重；她則為他增添分數。
- 他是一位謀士、滿有智慧及睿智洞見；她則說有愛心的智慧話。
- 他在城門口發揮他對社區的影響力；她則由家居影響社區。
- 他因穩重的性格及作出的重要貢獻廣為人知；她亦然。
- 他擁有世間的財富及社會地位；她透過自己作為妻子的角色及行為，為他增進財富及社會地位。
- 他達到自己的專業目標；她則透過勤奮及節儉幫助他。
- 他贏得讚賞；她則因她的手工藝品受稱讚。
- 他是一位才德的男士；她是一位才德的女士。
- 他有榮譽為冠冕；她也是他的冠冕（箴十二4）。

具影響力的女人

我親愛的朋友，你和我都當明白，在丈夫追求事業及服事神的層面上，我們可以作出難以估計的貢獻。試想想，這個有影響力的男人，其實是其妻子為別人帶來的祝福，因為他經常出入公眾地方，經常離開家庭，跟從神為他所定的計劃，為社區（如果不是為世界的話）帶來改變！

如果，在他背後有這位奇妙而美麗的婦人。他之所以能夠成功，在他的崗位上大放異彩，發揮影響力，其中的一個原因就是，他毋須為家中事務牽腸掛肚！事實上，他那具名望及富裕的家庭使得他的聲譽更為穩妥。因他*妻子*的才德以及*她*管理家居的能力，*他*可以在深具影響力的崗位上作出貢獻，*她*使得*他*可以在城門口與當地的長老同席，在*她*管理下那井然有序的家，反映了他那逐漸加增的財富及提高了的社會地位。再者，*她*在家庭上的勤奮節儉，使得他敢於夢想且令夢想成真！這位美麗婦女對丈夫的影響力明顯幫助了他，使他成為社區中具影響力的男人。

現在我要問你：你有沒有視丈夫「在家庭以外」的服務，為你對他所服事的對象的祝福？畢竟，你是那位供應他所需、差他出外成為別人祝福的人。他是你對社會、他的公司、同事、客戶、學生、羊羣……不論是甚麼對象——的貢獻。

也不管你是職業女性或是全時間在家的主婦，他都是你的貢獻。你支持他，不在乎能否賺取金錢，你的支持是源自你的心及你對家庭的心。問題在你如何照顧他、照顧他的家庭及他的孩子；你為他的幸福作出了多少美麗的貢獻？

如何成為美麗

究竟你與我可如何作出有價值的貢獻呢？我們可如何支持丈夫，美化他的生命呢？以下是一些意見。

1. 讚賞他：每一個人都樂於接受別人真誠的讚美，你的丈夫也不例外。如箴言三章27節所說：「你手若有行善的力量，不可推辭，就當向那應得的人施行」。你的手肯定有這個力量，你的心、你的口亦然。所以，讚賞你的男人吧——從今天開始及以後的每一天都讚美他（箴三十一12）。以下的名句說得不差：「他一死了，就無法閱讀墓碑上的讚美文！」

2. 鼓勵他：每一個人——包括你丈夫——都需要鼓勵。懲罰及責罵固然可以有助改善，但鼓勵的效用更大。一位丈夫極其欣賞他的妻子，他寫道：「每當你看見隱藏及掙扎的迹象，便會發出鼓勵，使人心感舒暢！」箴言十二章25節亦說：「一句良言，使心歡樂」。你發出的良言能給予丈夫勇氣，助他面對生命的挑戰。所以，張開你美麗的口吧！說出有智慧及仁慈的說話，讓愛及鼓勵不斷湧流（箴三十一26）！

3. 看守你的婚姻：婚姻是一項工作！這真相並不浪漫，我在此處提出這一點，以防你萬一還未曾注意它。馬丁路德有如是的觀察：「婚姻不是玩笑，它是需要付出努力，及不斷的祈禱」。[4]作為妻子，你被呼召要為你的丈夫祈禱並尊重他（弗五33）。擴大本聖經這樣解釋：「讓妻子留意，她應當尊重及崇敬丈夫，她要在意他、關心他、榮耀他、喜愛

他、崇敬他；她也應當順服他、讚賞他、愛他及熱烈地傾慕他。」[5]這是一個極困難的命令、一個終生的命令！但若你遵從這個從神而來的呼召，你會成為一位漂亮的妻子，並可享受美滿的婚姻。

4. 照顧你的家人：箴言三十一章的婦女的丈夫，在工作上及社區上是位具有影響力的男人，因為他的妻子在家中具有影響力。以下是從神而來的另一個呼召——祂視為美麗的另一項標準：照顧你的家人。你要認真預備三餐、計劃每天日程並提供衣物，更要教導及訓練孩子。因為你若使他的家運作順暢及良好，便是在丈夫的名聲及在他教會的事奉上（提前三4～5）作出了貢獻。再沒有甚麼比神眼中看為美麗的妻子，以及一個美麗有序的家，能為男士添上更多的榮耀了！

5. 照顧你的家庭：要妥善處理家中大小事務。支取神的恩典，以助你處理日常事務，以及生命中各樣突如其來的挑戰。向主祈求幫助，讓你以觀察家務為樂（27節）。

6. 照顧家庭經濟：有智慧的金錢管理是給丈夫的祝福。因為那給他經濟上的自由，讓他可按自己的能力和意願選擇工作，而不是出於經濟壓力。若你每天都留心你的家庭，減少開支、增加儲蓄、增進財富，你就是跟從神那智慧而美麗的婦女的腳蹤。

7. 鬆開手：當外子最初加入我們教會作傳道同工時，他經常不能陪伴左右、常常夜歸、每週七天工作侍候，我為此

掙扎了好久。以下一位妻子的禱告，讓我看見支持及服事丈夫的更好方法，它助我放手，給丈夫自由：

「神啊！我要重新宣稱，我的丈夫是屬於祢，不是屬於我。我向他的一切說『好吧』，我向他的時間、他對我的諒解、他給我的注意及他的愛說好吧；我會接受祢為我的喜樂並祢的榮耀所賜下的權利，只要在祢眼中，賜下這些權利是合宜的。

當這些珍貴的權利被取去時，當他的時間被其他人佔據、當他似乎欠缺諒解及愛時，讓我堅決拒絕任何自憐、批評、妒忌或不滿的思想進入我的心。

主，幫助我的丈夫，使他的生命可按著祢為他揀選的道路而活，不管對我個人是否有損。」[6]

當你的丈夫需要時間作他的工時，這祈禱清晰地表達了一個更美麗的態度，而不是強佔、哭訴、埋怨、發牢騷或吝嗇你丈夫的時間。

8. 支持他的夢想：當外子進入神學院接受裝備作終生事奉時，一位我所敬佩的牧師太太給我幫助很大。作為一位掙扎著的神學生太太，我向她尋求最大的忠告，她回覆的信共有四頁，其中寫道：「與丈夫一同夢想他工作的果效，一同分享期望和興奮；然後，你設立的目標很自然就會從這夢想發出，它會助你度過枯燥及艱難的日子，幫助你對主有忠心，常常尋求祂所認為最美好的旨意。這『夢想』將你的注意力集中在我們偉大的神身上，而不再停留在日常的環境上。」

這些話語所流露的那種由衷的精神，在神眼中肯定是美麗的。所以，不管丈夫的職業是甚麼、他工作的地點、影響的範圍如何，只管全力支持他，不要輕視、蔑視或嘲笑他的夢想。

9. 你的行為是他的反照：箴言三十一章的婦女的丈夫「在城門口為眾人所認識」（23節），其中的一個原因是：他有一位難得的妻子！這是否你丈夫為人認識和受人敬重的一個原因呢？

邀請成為美麗

箴言三十一章23節是不是很美麗、很能鼓勵人的一節經文呢？假若你已為人婦，我希望你明白，你和丈夫並不是兩個分開的個體、從兩個不同的方向追尋兩個截然不同的目標。不是的，你們就像一對書夾：你們是一個單位，共同面對及處理生命的各個層面、各項挑戰、目標和關注，以及組成你們生命的無數機會和夢想。你們具有同等的影響力，作出同等的貢獻，雖然你們發揮影響力及作出貢獻的範疇有所不同；只管為此歡喜吧。當你的丈夫成為眾人注意的中心，當他表現卓越、他被認同和尊崇的時候，為此歡喜吧。要為你能跟從耶穌的腳蹤而歡喜，為你可以為丈夫擺上生命、實踐犧牲的愛而歡喜，那是你為他作出犧牲的最高境界。

當你面對這項挑戰時，我邀請你祈禱，求神讓你以強化丈夫生命及榮耀神的方法去支持你的丈夫。用以下的方法，讓箴言三十一章12 節成為你立志終生使他有益無損的承諾：讚美他、鼓勵他、滋養你的婚姻、服事你的家人、照顧你的家居、看管財務、支持他的夢想、為他的成功禱告，好讓他在工作上及社區中成為一位具影響力的敬虔男士。

17

具創意的專家

她的企業

「她作細麻布衣裳出賣，又將腰帶賣與商家」

（箴三十一24）

我愛聽藝術家或企業家的成功故事。（事實上，我有一個專門存放這些傳奇故事的文件夾）每當聽到社會上一位成功女性的時候，我就會想：「那是怎麼發生的？她採取了甚麼步驟？她的知識和技能從何而來？」令人詫異的是，從每個婦女成功故事的背後，可以看見兩項成功的要素：她將一些*個人專長*發展為*專業*。

當我寫這一章的時候，馬大．史提娃（Martha Stewart）已變成一個家居名詞，並在美國註冊成為商標。你可能也曾聽聞史提娃的名字，她致力教導婦女（如你和我）一些有關持家、美化家居、烹飪、手工藝、禮品製作以及園藝的技巧。她的目標嗎？「我嘗試幫助家庭主婦獲得喜樂和滿足感。」[1] 時至今天，史提娃的企業包括郵購業務、她編寫的二十多本書、一本月刊、一些教育錄影帶、電視聯播的特備節目，以及她每天在電視台主持的一個節目——史提娃的生活天地。

史提娃公司（一項專業），其實是由家庭發展出來的，即由史提娃天天在家中學習的生活技能（個人專長）。《洛杉磯時報》報導：「她非常勤力，大量閱讀烹飪著作，她的首項業務是提供到會食物。憑著她寫的第一本書，她將學習所得轉為黃金。」[2]「在充斥著即食產品及粗劣貨品的世界裏，她讓我們看見高貴而具創意的一面」，她對婦女的貢獻確實無可估量。就如她自己所言，她的宗旨是：「我只是嘗試令人的生活變得更為有趣。」[3]

你我都可能永不會變成另一個史提娃，但我們每一個都可用心地為進入家門的人，在家居中創造美麗。就如神那美麗的婦女，我們可以發展審美的眼光心靈。家庭是讓我們發揮叫人喜悅的創造力的最佳土壤。事實上，我們可即時從家居開始培育我們具創意的企業，只要我們全心全意地看重家中的日常工作（個人專長）。以靠耶和華的喜樂為我們的力量（尼八 10），我們也可以將日常的工作變為歷久不衰的藝術作品。

一項企業的誕生

無論一棵樹遭砍伐多少次，樹幹上的木紋依然不變，照樣，紡織也深入箴言三十一章的婦女的靈魂，因為那是她的「天賦」！只要看看小王子的母親多少次提及這美麗婦人紡織的次數：她尋找羊絨和麻作為原料（13 節）；她在燭光旁替原料加工，並工作至深夜（18 ~ 19 節）；她將手製的溫暖衣物送給窮人（20 節）；她親手為家人為家庭及自己製作王族般的衣物（21 ~ 22 節）。

現在，年輕的利慕伊勒王的母親再一次指出，箴言三十一章的婦女的紡織技巧的可貴和美麗之處：「她作細麻布衣裳出賣，又將腰帶賣與商家」（24 節）。

在這首讚歌裏，我們層層進深地看見，這位神眼中看為美麗的婦人正不斷擴展她的影響力和企業的範疇。現在我們發現，她的努力已溢過家庭的河堤，越過了社區的界限；她的企業已發展成熟，可以到達世界知名的市場了。她原本為她親愛的近人所作的、在家中由心而發的愛的工作，現已成為一項發展中的企業的核心。她手所作的美麗手工藝製品，由商船及駱駝商旅帶到世界的極處。也許你曾以為她不是職業婦女而有所困惑，但你現在看見：她確實是位職業婦女！她的產品可以行銷國外市場，表明了產品的素質，解釋了她的財富，並證明了她確實是一位具創意的專業人士。[4]她的個人專長發展成了一項專業！

表達創意

很明顯，神美麗婦女的專業是衍生自神所賜予的創意，加上她改善家庭經濟狀況的願望。一些個人專長(她的能力及對家庭的願望)變成了專業(她的家庭企業)。

一切都由這可發揮創造力的渠道開始：「她作細麻布衣裳」(箴三十一24)。她首先紡製細麻布，然後將麻布製成衣物。她作的麻布手工幼細，質料柔軟，適合作被鋪、內衣、以及在夏天穿著的輕爽衣物。她的麻質衣物是幼細及精巧的——所以也是昂貴的！

這美麗婦女的手工藝品亦包括腰帶，我們都看見「她將腰帶賣與商家」(24節)。就如皮帶或束腰物，腰帶是用以扣緊長衣的(今天以色列仍有很多人穿著)，好讓行動可更自如。皮帶是常見的，但繡上金銀線並鑲有珠寶及黃金的細麻腰帶，就更有吸引力和價值了，這些就是她「賣給商家」的藝術作品。

增添家財

當箴言三十一章的婦女將個人的專長轉化為專業時，一項企業就誕生了。她的企業，是由她個人的創造力，以及她樂於增添家財的願望產生的。所以，她「作細麻布衣裳出賣」(24節)。神美麗的婦女出售她的貨品，她刻意為貿易的理由而製作商品。為了改善家庭經濟狀況，又知道這單生意是划算的(18節)，她將親手製作的成品由家居移到本地市場。

她賣與外商的腰帶為她帶來另一筆收入來源。來自迦南或腓利基的商隊和商船都會到來選取最上乘、最珍貴、最出眾的貨品，把它們帶到遠方，而她的腰帶肯定符合以上的條件。她從來就是位職業女性，她做買賣、進行交易、以物易物，又出售手作的腰帶及細麻衣裳（24節）。

我的故事

這一節經文對我個人來說是一項挑戰。將「個人專長」轉化為「專業」的觀念，光照了我的思想及燃起我的能力。就如神美麗的婦女，屬於我的那樣「東西」已經出現：一件我每天都作但毫不在意的事早已存在。我的「東西」——我的個人專長就是讀聖經。我二十八歲決志信主，當時結婚八年並育有兩個女兒，從那時開始我就深深愛上了聖經。透過聖經，神解答了我很多問題，為我混亂的生命帶來方向。每當我有疑惑時（如何管教我的孩子、如何成為更好的妻子、如何打理家居、如何管理我的時間），神的話語都一定有答案。所以我每天必定抽時間讀聖經。

「每天一點時間」，經過二十年累積起來便相當可觀了。我在家中的靈修時間(通常是在清晨或在兩個女兒入睡後的深夜)，我研究、細讀、背誦；我也寫下綱要、分大小段落及題目。一天，我被邀主領一個聖經研讀小組，我才發現我已備有十本聖經研究的材料可供選擇，全都是由我每天的靈修時間產生的。當我開始用這些在家中親手製作的材料教學時，其他教會的婦女也想借用，於是「基督徒培育事工」也就誕生了。不久，除了習作簿以外，還有錄音帶出版。感謝豐收屋出版社(Harvest House Publishers)的幫助，我那時很多的研究現已製作成書了，就如這一本一樣。[5]

較早前我鼓勵你發掘一個箴言三十一章的計劃，找一些你擅長又樂於去作、又能為家庭帶來少許進賬的事情。發展聖經研究及寫作已成為我個人的箴言三十一章的計劃，我邀請你也選擇一項計劃；再翻到前面第十一章看看那些已尋得她們的「東西」的真實例子，更不要忘記神從箴言三十一章發出的兩項指引：

- *家庭為首*。發展個人興趣的同時，小心別忽略了家庭。藉著神的幫助以及良好的時間管理，你可同時照顧家人並發展箴言三十一章的計劃。當你的「個人專長」(你辛勤的活動、甘心樂意的工作、注意家庭的財務以及有智慧地照顧家人及打理家居)，在神的祝福下自然過渡成為你的「專業」，你的每一個家人就能得著適當的照顧及益處。
- *假以時日*。如我曾說過的，每天一點點時間，終身累積起來便很可觀。每天都投以時間發展你的「個人專長」，假以時日便能產生一項「專業」！一句我最愛引用的名言是：「每天用十五分鐘研究某一特定題目，十二年內便能完成一個碩士課程。」[6]

如何成為美麗

當你一旦認清那屬於你的「東西」——一些你表現卓越的個人專長——你便會希望能積極地、有意識地培養更高層次的創造力。以下是我每天嘗試用以改善創造力的方法：

1. 觸覺：要培養創造力，並保持對個人計劃的興奮，你要留意其他人如何表達自己，要養成這個習慣。時刻緊貼你範疇內的發展趨勢，為你的產品保持競爭力及優勢。要觸覺敏銳，留意其他人的創作。例如，我的朋友茱迪是位藝術家，她每月逢第一個星期二（是她的假期）例必到洛杉磯的公立藝術博物館走一趟，以此增進動力及刺激靈感。另一位室內設計師朋友則經常到南加州參觀當地的示範家居單位。另一位設計家朋友，他從不會錯過最新一期的《建築文摘》（*Architectural Digest*）。另一位設計家朋友，每星期都會獨自享受下午茶，讓自己有機會沉思及閱讀最新一期的《維多利亞雜誌》（*Victoria*）。若你保持觸覺敏銳並留意周圍環境所表達的創意，你的創造力便能不斷增長。

2. 計劃：你固然希望可以預留時間，用以思想你的計劃並磨練你的技巧及才能，但我亦鼓勵你利用空閒的每一分鐘來計劃和創作。舉個例子，最近當外子把我的車子賣掉，我們才發覺在我擁有這車子的四年內，我從來沒有將內置的收音機調校自動接收的頻道，因為我將在車子內的時間用作思

考。我隨身帶備了一部小型錄音機，以備我將思想、計劃、夢想、與及提醒自己要作的事都錄下來。下一次當你沐浴或獨自在車上的時候，與其調高收音機的聲量或轉台，倒不如用這些時間來計劃。當你在醫務所時，計劃！當你在雜貨店排隊等候付款時，計劃！不斷思想可如何成就你的計劃，可如何作得更出色。

3. 主動：你需要主動報讀一些能幫助自己發展技巧的課程。你也需主動到書店購買一本和你的創意範疇有關的雜誌。你亦需主動訂購一份期刊、雜誌或報紙，或向一家富教育性的有線電視台申請接駁，以助你實現創造力的追求。你亦需主動將你的夢想變得實際，建立你的工作間、設置衣車或畫架。你也需主動找出，你手製的賀卡、你的手稿或寫作靈感、文章作品可投寄何處。你更需主動預留一個週末，參加一個有關你的興趣和你渴望所擁有的專長的會議。

採取主動是邁向創意生活的重要步驟，不少婦女認為那是困難的。作為神其中一位美麗婦女，你不但要知道你希望如何造福家庭，更要有所行動。每朝早寫下一樣你可將「個人專長」轉化為「專業」的事情，這些事情很可能只是打一個電話或是買一本資源手冊，又或者是花十五分鐘作你喜愛的事情。記著，每天十五分鐘能令你在十二年內得到一個碩士學位！

4. 勤奮：勤奮是任何企業成功的要素，那正是神美麗婦女的表現：「她甘心用手作工」（箴三十一13）。除了打理家庭、預備三餐之外，這可愛的婦女還會紡織（13、19、

21、24節），且達到專業水準，表現卓越（18、24節）。透過她的箴言三十一章的計劃，她為家人提供衣物及額外的收入。她努力開展她的企業，更不斷努力工作。

讓我在這裏告訴你箴言三十一章24節叫我興奮的另一個原因。首先我得承認，你可能會因為箴言三十一章的婦女的生產力而有受壓的感覺。畢竟她有丈夫、孩子及工人需要照顧，她還需預備食物、做買賣、打理田地、製作家人的衣物並關顧社區的窮人——而我們還未曾提及她手頭上的家務（27節）！她要作的確實多而又多！

但是對我而言，這位敬虔又美麗的婦女，她最榮耀的是她的小企業。她投以時間，一邊履行神呼召她在家中擔當妻子、母親、持家之人的角色；一邊不斷改善自己的紡織技巧及時間管理的技能，直至她的作品表現卓越。當她發覺她的生意為有利時，她便加倍努力，務求盡快完成家居的工作，讓她有更多時間來追逐她的夢想及從事創作。她勤快的工作，令她可騰出她所需的時間來追求及改善自己的專長，並打理她的家庭企業。她確是配得稱讚的婦女，她的稱讚是辛苦賺來的（31節）！

邀請成為美麗

我為你禱告，願你因這位神眼中看為美麗的奇妙女子——她的勤奮和她的事業——得著鼓勵！我們的社會過於看重自我實現、自我形象及自尊。但箴言三十一章給我們的好消息就是，神在這些方面供應你的所需；再沒有甚麼成就，比愛你的家人及照顧你家居的成就更大。當你（與我）首先照顧了「個人事務」── 家中的人 ── 且盡心去作，神就會幫助你，使你個人不斷成長，並推動你發展「專業」── 一些具創意，讓你可表達神給予你的才幹及恩賜的渠道。若你對「個人專業」不知從何入手，現在就求神顯明祂的心意吧。提示：你的家庭企業，很可能是由你現在做著的，或夢想要做的某些東西衍生出來的！

18

才德的衣櫥

她的衣服

「能力和威儀是她的衣服；她想到日後的景況就喜笑」(箴三十一25)

雖然我不大認識你，但我卻知道一些關於你的事。首先我可以肯定：你是一位願意在生命中追求屬神美麗的婦女，不然的話，你就不會閱讀一本名為《全然美麗》的書。這是當然的。

而我也知道你的一些生活細節。你早上起來（我們正努力嘗試提早一點！）和詩人（願你是這樣）一同說：「這是耶和華所定的日子，我們在其中要高興歡喜」(詩一一八24)，然後，你會梳洗打扮。（我看來如何？）你打開衣櫥的門，看一看，腦海中盤算著今天安排好的時間及事件，最後選擇並穿上了最適合今天活動的衣物。

親愛的，這也是神美麗婦女迎接她生命每一天的情況。她早早起來讚美她所愛的神，她也考慮當天安排了的活動，然後挑選最合適的衣物；她沒有很多衣服可供選擇（事實上在她那年代，人們穿著的厚羊毛大衣，晚間就用來充當被子），但她擁有的卻是足夠及合宜的。

以品格為裝飾

那位神眼中看為美麗的婦女，卻不以衣櫥中的衣物裝飾自己。箴言三十一章25節說：「*能力*和*威儀*是她的衣服」。這兩件寶貴的飾物才是才德婦女的裝束中最吸引的部分，因為它們是敬虔品格的裝飾。

我們再次看到，*能力*是神美麗婦女性格的一部分，那能力在多方面表現出來。例如：箴言三十一章的婦女忠心地建立了經濟能力，所以她有足夠的金錢儲備以應付日常生活所需以及未來年老的歲月。並且，因為她辛勤的預備，她能滿有信心地應付突如其來的轉變（如氣候反常地下雪〔21節〕）。她對神的信任（30節），使她面對愁煩及照顧家人時滿有力量。縱然女人被認為是「較軟弱的器皿」（彼前三7），這婦人卻是滿有智慧（26節）及滿有神的知識（30節）。除了在日常工作中鍛煉了強健的體魄外，憑著她那顆正直的心、她的才德及有風度的行為（25節），贏得了社會上有力的支持。在這個才德衣櫥中的最後一項，便是由她堅強的意志而生出的魄力和不屈不撓的精神。是的，應付生命的能力正是她的裝飾。

*威儀*是這位婦女經常穿戴的另一種飾物，按希伯來文字面的翻譯是「榮美」。[1]明顯地，她那高貴的精神顯出帝王的氣派：我們讚歎她才德的性格、帝王的舉止、敬虔的行為，在她的品格衣櫥中，沒有一樣是庸俗、下賤、或鄙陋的；她美善的靈魂，以及她滿有恩慈的行為，為一切有幸認識她的人帶來益處，她確實擁有威儀的美麗氣質。

終生的喜樂

神美麗的婦女，披上她的才德為衣服，「想到日後的景況就喜笑」(25節)。她不但充滿喜樂地面對目前——不，另一位譯者指出：「她為將來*微笑*」。[2]當她展望將來——無數個明天以至死亡來臨的日子——「她想到日後的景況就喜笑」。如作家區安妮的分享：這婦女可以為將來微笑及歡笑的能力，「把她額上的線條移到適當的地方」！[3]她盡了人為的努力為家人提供所需，她又深知神會看顧，所以神美麗的婦女可以終生以喜樂面對將來。她為人生中的短暫事務盡上責任，然後將一生以至永恆的事交託給神。

我們已經注意到，箴言三十一章的婦女只配戴少量珠寶，她戴的卻不是那些不值一文的小飾物：擔憂、掛慮及恐懼；這些扭曲了不少人的面容。她不會容讓自己過於關注生命的不肯定而破壞了她的美麗，不論她想著的是過去、現在或未來，她經歷的盡是喜樂。她已完成了她的工作、她已實踐了神給她的功課，在她活著的每一天活出她的才德。回顧以往，她自己沒有遺憾；展望將來，她也沒有甚麼好懼怕的。而活在今天，她只知道要支取神的供應(那是快樂的挑戰)，並以她的心力及體力來完成美麗而喜樂的又一天！

如何成為美麗

所有這些日子、書籍、會議及輔導員都提出要幫助我明瞭神對我生命的旨意；而我選取的勸告就來自箴言三十一章！我很愛研讀這有關神美麗婦女的經文，因為它給我(和你)很具體的指引。透過閱讀箴言三十一章10至31節，每天我們都可以清楚知道神在我們生命中的旨意。不論是已婚或是獨身、年輕或長老、是家庭主婦或職業女性，我們都要學習成為神眼中看為美麗的女性。小王子的母親教導其兒子，要挑選具備各項才德的婦女為妻，那些才德同樣也是我們應當追求的，我們若樂意追求這些才德，我們也可以穿上神的能力和威儀，並可為未來綻放笑容。

可能你現在已知道，我是個目標主義者（有時我迫得自己近乎瘋狂，我定下了終生的、十年的、五年的、一年的、半年的、一個月的、每週的及每天的目標；我也設定每天不同時段的目標。事實上，我的計時器在這一秒正響起，告訴我一個三十分鐘的目標已到時限！）。我發覺若我將複雜的生活分拆為七大類，我為每天訂立目標就容易得多。[4]要詳細思想以神的才德為我們生命的衣物嗎？請看看以下敬虔生活的七大範疇吧。請記著：此刻——今天！——是關鍵的一天，這是我們惟一擁有的一天。當你與我珍惜生命的每一天、當我們每天醒來為生命餘下的日子工作，當我們為未來的成功披上神衣櫥中的才德為衣，我們便會發現：那些才德會帶給我們終生喜樂的果子。

1. 你的屬靈生命：我們正談論著我們的衣櫥，可是，先讓我們看看你的祈禱室，那培育你對主的愛的地方（箴三十一30），是你每天最先想要到的小室。神對祂的聖城發出呼籲：「錫安哪，興起！興起！披上你的能力」（賽五十二1）！神呼籲你與我也要這樣。在你才德的衣櫥中，最華美的衣物就是你對祂的愛，如年幼的利慕伊勒王的母親所說：「惟敬畏耶和華的婦女必得稱讚」（箴三十一30）；*她*正是那位在神眼中看為美麗的婦女呢！

每當你從祈禱室與主相交後出來，你便披上了公義的衣裳，你便會以神喜樂的讚美衣，代替了憂傷之靈（賽六十一3），你也穿上了神所賜的全副軍裝（弗六12～18），隨時迎接屬靈的爭戰，每個人都會察覺你那從靈魂湧溢出來的基督的香氣，以及在祂裏面生活的氣質（林後二14～16）。

何不以切切的尋求神（詩六十三1）為自己的目標？若你今天還沒有這麼做，那麼就請你不要再讀下去，現在就放下這本書，與那位能叫你真正成為美麗的神一起！若你每天從神那裏獲得「今天的力量、明天光明的盼望」[5]，你就可以向未來展現微笑了。

2. 你的家庭生活：不論你情況如何，你都有自己的家庭，你有父母、兄弟姊妹、祖父母、父母親的兄弟姊妹以及他們的兒女，你需要愛他們。若你已婚，你就有丈夫、公公婆婆或孩子要愛。如神美麗的婦女一樣，你要為他們傾倒你的生命。我們又有神的家、基督的身體——教會。

若你也想得著神美麗婦女的回報（28～29節），你便要以家庭為先，也要保證他們知道：家庭是他們的支持！提供他們肉身所需的食物（14～15節）和衣服（21節），你用心打理家居，使之整齊清潔及井井有條（27節）；你更要慷慨無私地、有創意地、及喜樂地傾倒你的愛。也許你會覺得，沒有人注意和欣賞你的服事、你的關懷及你的愛，也許你從未聽聞有人說「多謝」，請緊記歌羅西書三章23節的教訓和呼召：「無論作甚麼，都要從心裏作，*像是給主作的，*不是給人作的」。

這美麗及敬虔的原則並不一定為我們帶來別人的激賞。今週一位朋友致電給我，她的情緒有點兒低落。當我們傾談時，她表示她的姊姊曾批評她對孩子「過分的好」——她為他們預備午餐飯盒、為上班遲歸的成年孩子預留食物。我多麼希望你聽見我那次講及箴言三十一章的講道！神美麗的婦女照顧她的家人，不管他們是甚麼年紀在甚麼階段！她那裝束的其中一部分便是這「過分好」的圍裙：「聖靈所結的果子，就是仁愛〔及〕良善」（加五 22 ~ 23）！

3. 你的財務運作：神美麗的婦女想到將來就喜笑，因為她一直留心觀察家中的財務狀況，她已達到所定下的目標。你為今天、這個星期、這個月及這一年定下了甚麼財務目標？

一天，我還在寫這書的時候，我收到了兩個女兒的電郵，從中我看見了她們的目標。大女兒要求我給她在艱苦日子的食譜，而小女兒則告訴我，她開始每兩個星期到雜貨店購物一次，所以到了第二個星期的後期，她的創意便遇著了挑戰！這兩個生活上簡單而實際的辦法，也可幫助你省下金錢。

在衣物開支方面，你可等候減價、說「不」，或一星期只一天上街購物，藉此節省開支。（你那天若有該做的事，就必令你筋疲力盡！你肯定疲倦得想立即回家、永不再外出！）我在早前曾分享，你也可透過準時繳交賬項（第四章）來節省附加費；你又可開設一個自動儲蓄戶口，問丈夫要一筆零用錢——然後儲蓄起來！

下次當你沐浴或在車內時，想想你可如何帶來收入。我有一位朋友，她專為辦公室傢俬店裝嵌傢俬，她在孩子入睡後便在樓下的客廳工作。我朋友萊莉（Lori）及她的女兒的箴言三十一章計劃，便是協助我處理大量的郵件及研經資料。

另一位我認識的朋友（是位長者）則在照顧她一百歲高齡母親的同時，為錄音帶貼上標籤！存著不計較收入多寡的心態，並甘心工作，你便可為將來——和目前——作出重要的財務貢獻！

4. 你肉身的生命：（糟糕！我們曉得早晚要說到這個題目的！）箴言三十一章25節談到神美麗婦女的能力，能力是她那才德衣櫥裏的衣裳，也是她體能的一部分，她為了工作，也透過工作加強自己身體及膀臂的能力（17節）。

為了跟隨她的腳蹤，我希望你為自己的健康及身體定下一些目標。你若減掉一些磅數一點會覺得好些嗎？或你需要增肥？肌肉強健，背痛、肩痛和頸痛就會減少。（那對我是重要的！因為我有一箱重三十二磅的書，一星期七天都要提起它、拿著上樓下樓及進出機場！）運動可減少我們對關節炎、骨質疏鬆及血管閉塞的憂慮。正確的食物能為你的工作提供能量並促進健康。若你顧及這對你生命起重要影響的一面而編排運動時間，你今天便會覺得好一些，你也能笑對明天。

5. 你心靈的生命：聖經教導我們要盡意愛主（路十27），（我對這個題目甚感興趣，為此寫了一本書，名為《全心愛神》〔*Loving God with All Your Mind*〕[6]。）我深信，作為基督徒，我們得向神交代，我們如何運用（或誤用）我們的心思。神按祂的形象造了我們，使我們有思想、學習、分析及創作的能力（創一27；雅三9）。事實上，我們已有基督

的心（林前二16）了！所以，難怪聖經再三告訴我們應如何運用我們的心思。（我已數算出，聖經共有三十一項有關基督徒如何運用心思的勸告！）

現在，給你一項個人的挑戰：你如何運用你的心思？若我問你如何使用你的*每一分鐘*，我也在問著同樣的問題，因為在你醒來後的每一分鐘，你都在使用你的心。以下是一些有助你建設性地使用心思的方法：

- 渴望在神眼中變得更加美麗，首要的一項是用心閱讀神的話、用心記著及默想神的話。
- 你可思考聖經的一些題目，如婦女在教會的角色等。
- 你可以思想、祈禱及計劃，如箴言婦女所作的。（這是她想起將來就喜笑的一個主因——她已為未來籌算、祈禱及計劃）
- 你可以訂立目標：每個月讀一本屬靈書籍或傳記。
- 你可以閱讀一本有關金錢管理或時間管理的書。
- 市面上也有很多關於婚姻、如何作母親或照顧家居的好書供應。

〈亞比該女士〉("Dear Abby")記下作者的一些思考：「就在今天我要改進我的心思，不作心靈的懶惰人，我會催促自己閱讀一些需要付出努力、思想及集中力的書。」[7]我也勸你以*心思的力量*為你的衣裳，並用這能力榮耀神及完成祂的計劃。

6. 你的社交生活：我們固然需要為主及為家人預留很多時間（這正是神美麗婦女及這本書的重點！），但我們也需

要與幾位知己共聚。我們很難獲得大量好朋友，但箴言告訴我們，擁有幾位摯友是很重要的：「濫交朋友的，自取敗壞；但有一朋友比弟兄更親密」（箴十八24）。

你有哪些朋友比弟兄更親密？你的時間表內有沒有給這些朋友預留時間？當你們聚首一堂時，你有沒有在主內、在屬靈的旅程上鼓勵他們？你有否經常為你的好友代禱？

7. 你的專業生活：讀過上一章後，你會更明白我指為「專業生活」的意義，那就是你的生意、你的企業、你的貢獻、你的專長，你轉化為「專業」，為家庭帶來進賬的「一些個人之處」。可能你有一份回報可觀的工作或職業、一個專業牌照、證書或一項嗜好，不管你的專業生活包括了甚麼，你要時刻鍛煉自己的專業技能並學習最新知識，要不斷提升及邁向更高的水準。你亦要繼續進行一些提高創意的練習（保持觸覺；計劃及夢想；主動發展自己的技巧及才能；努力工作）。作一切可推動自己、保持興趣及使你個人獨有的專長和技巧更進一步的事；若神願意，你會有好長的時間作這特別的工作呢！這是本章的主旨：盡你所能為未來立好根基，我們的本份是竭盡所能；而神的工作就是，負責我們能力範圍以外的一切！

先前我在這書中提及的薛飛夫人，她再一次成為我們的榜樣。她是一位全然披上能力及威儀的女性，可以微笑著面對未來。她一直披上才德衣櫥中的衣服，不斷服事主、愛她的家人、照顧自己的身體、供應自己心靈所需，她已屆八十七的高齡，卻仍在撰寫她第十八本書。（用打字機打稿！）

當你展望未來時，你會向神祈求你在八十七歲高齡時可成就甚麼？「無論作甚麼，都要為榮耀神而行」(林前十31)。

邀請成為美麗

若想將來喜笑，我們今天就得穿戴能力的衣服及威儀的飾物，以下是一些「就在今天」的建議。

就在今天── 重新將你的生命交給神，憑信心過你美麗的一天；就在今天── 為你的家人傾倒你的愛，悉心照顧及關懷家人；就在今天── 思想你可為家庭經濟所作的貢獻；就在今天── 認真看待你的體力及付上努力；就在今天── 除去心思的誤用，將神賜給你的思想能力美化你的性格；就在今天── 接觸你的好朋友，鼓勵她的屬靈生命；就在今天── 為你的「專業」邁向一小步。最後，就在今天── 立志在你的生命中，每天都實踐這美麗的模式。然後，你也可穿上才德的衣服，面對著那通往未知將來的時光隧道而大有喜樂！

19

仁慈的法則

她的話語

「她開口就發智慧；她舌上有仁慈的法則」

（箴三十一26）

好了，到目前為止，你這攀山旅程的表現如何？我想我們應該暫且停一會兒，回顧我們的進展。我們即將要踏出一大步，我希望你亦能做得到！在第一章你我已經決定朝著神美麗的標準進發，並採取必須的步驟，一步一步地邁向神理想的高峯。而我們的進展也令人滿意！

回想我們所學的——我希望我們已開始學以致用——我們發現，例如：原來每天早起一點*是*可能的！我們若按時間表來管理我們的生活或者家居是值得的！培育我們的婚姻可帶來個人非常的滿足感。當我們為一些建設性的活動忙得不亦樂乎時，我們的能量便發揮出來。我們辛勤管理、儲蓄及賺取金錢，我們的財政狀況就更加穩妥。參與事奉為我們及其他人帶來祝福。照顧家人的需要，給我們莫大的喜樂。神也利用我們的順服來模造那顯於我們身上的敬虔性格。神的方法是可行的！

但是親愛的，現在，當我們邁向另一項美麗的才德時——那實在是至高無上的榮耀——我們定要再次計算這次旅程的代價。在神的軍隊中，這一項是惟一可真正分別婦女與少女的才德。我得預先提出忠告：這項才德有可能是最難達致的！我是指控制我們口中所出的言語的素質。

我們從遠處來到，已攀爬了一大段，但在成為神眼中看為美麗的路途上，舌頭卻絆倒了不少婦女。發出美麗言語是不易為的，那是一項分分秒秒的挑戰。正如其中一位使徒所寫的：「若有人在話語上沒有過失，他就是完全人」（雅三2）！

我得要坦白，我們立志忠於家庭、打理家居，使之井井有條、在預備食物及持家上表現卓越、支持丈夫不斷向前、慷慨捐贈予慈善機構、增進財富，這等事情遠較我們開口說有智慧及仁慈的話語容易。為何我這麼說呢？因為行動是外在的，但言語卻是從心發出的：「善人從他心裏所存的善就發出善來」（路六45）。要在神眼中看為真正美麗，你我一定要朝著這敬虔話語的目標不斷向前，並採取這一困難卻又漂亮的步驟。神希望讓祂那智慧而仁慈的法則管理我們的言語及我們的心。

生命的泉源

思想我們說的話語前，請記得箴言三十一章的背景是異常乾旱的以色列，從以往到現在，艱苦是每日生活的規律，生存是歷久不變的挑戰，酷熱及致命的口渴，是以色列人每天面對的兩個事實。我希望我可以向你描述那種程度，在這乾旱的地方，水源充足與否，是以色列人每天所關注，卻又惱人的重要問題。若只可選擇食物或水，你一定會選擇水！

在這艱難的背景下，箴言的作者描畫了以下的圖畫：「義人的口是生命的泉源」（箴十11）。作者知道水是生命的重要支柱，他將敬虔的話語比作使人得生的活水；敬虔話語對我們情感上的影響，就好比水之於我們身體所需。就如在沙漠上找到水泉，在那發智慧及仁慈話語的婦女面前，就像尋得生命一樣！

智慧的言語

神美麗婦女的言語對她四周的人確實是生命的泉源，利慕伊勒的母親繼續說：「她*開口*就發智慧」（箴三十一26）。這裏有一重要的思想：字裏行間暗示她的口不是經常開口說話的！她不是經常口不擇言、喋喋不休或吱吱喳喳的；除非她有一些智慧及仁慈的話語要說，否則她的口是緊閉的。

當她說話時，「她開口就發*智慧*」。她有智慧分辨要說甚麼，也知道如何表達。智慧向來被定義為「實際及成功地運用知識」[1]。簡單地速讀三十一章，留意利慕伊勒母親所涵蓋的實用題目，她是為傳授智慧而開口，把日常生活的實際知識傳給她那寶貴的兒子。

仁慈的心腸

我們看到，箴言三十一章26節下半節說：「她舌上有*仁慈的法則*」。我們敬慕的這位婦女，不但讓智慧引導她所說的話，她更根據仁慈的法則約束自己的話語。她按著溫柔及仁慈心腸的*精神*及*方式*發出話語，代表了一種和善的脾性，避免做成不必要的傷害。[2]她擁有智慧並以此約束自己的言語，她永不說傷害或具破壞性的話。如希臘文譯本所言：「她讓舌頭服從紀律。」[3]

現在，讓我們想一想神美麗婦女的日常生活吧。她有丈夫——那位她定意要鼓勵及祝福的人；她有孩子——需要教導、訓練和管教；有在家住宿的工人——需要她每天給予指引。在商貿方面，她需要接觸商人和買家——在以物易物、議價及購買的過程中，她得與他們洽商。她生命中所遇見的每一個人，都代表了她一定要說話，而箴言三十一章的婦女確保自己所說的話是有智慧和仁慈的。

這裏有一個有趣（及「富挑戰性」）的地方：在古代猶太人的婚姻中，不但婦女說話的內容重要，其*聲量*也是很重要的。婦女可以因為她聲大如雷而被休！「大聲」如何量度呢？就是當她在家居時，她的鄰居能否聽到她的說話。[4]留心！

從沒惡意

藝術的至理名言也適用於言語上：看不見的比看得見的發出更有力的信息。在這個觀念下，看看神美麗婦女不會發出的話語。

初學者不應說閒話、誹謗或刻薄沒憐憫的話語，仁慈永不會是這樣的！也不應有任何抱怨或投訴。作為敬畏神的婦女，神美麗婦女深知神全權掌管了她的生活細節，所以她實在沒有甚麼要抱怨的！小聰明、幽默及玩笑，特別是傷害別人的話都不是她要說的。我們這美麗的婦女寧願憑著她的智慧而被人認識，而不是她娛樂別人的能力。她以智慧開口說話，她肯定不會說輕浮或無益的話。她也從她的話語中刪除了無聊、瑣碎和沒意思的話。作為成功的地產經理或商業婦女，她或會受吸引說過分自信的話，但她卻讓仁慈掌管她的措辭。

如一位人類現象的學生巧妙地指出：「沒有恩德的人會說錯話，有恩德但少智慧的人卻說話太多。」智慧及仁慈的法則防止了以上兩個錯誤。

聆聽神美麗婦女的故事

當我翻看聖經，尋找一些有智慧又遵從仁慈的法則的婦女時，我發現在控制舌頭這複雜而困難的題目上，有兩位神美麗婦女的見證，為我們設立了榜樣：

*哈拿*是位在*極艱難*的情況下也*甚少說話*的婦女！與一位已有妻子的男士結婚後，她除了要忍受自己不育的問題，要面對她的對頭生了一個又一個的孩子之外，還要忍受這個婦人加給她的殘酷的刁難（撒上一 1 ～ 7）。一次又一次的侮辱加深了她的傷害，但哈拿卻選擇不回話。

靈魂受到極大的痛苦，她到主的殿去（正確地點、正確對象）為自己的處境禱告（正確的解決方法）。她禱告懇切得令祭司以為她喝醉了，他指責她說：「你要醉到幾時呢？你不應該喝酒」（14 節）。但親愛的，可讚賞的哈拿根據仁慈的法則，滿有智慧地回答並且解釋了她的痛苦，並請求祭司的諒解。最後她得了祭司的祝福。

亞比該，她名字的意思是「喜樂的源頭」，她活出了「義人的口是生命的泉源」（箴十 11）這句箴言。她嫁給了愚蠢又酗酒的拿八（他名字的意思也是「愚蠢」），她小心的措辭，使她成功地克服了生命的危機。當她的丈夫拒絕接受大衛的好意及苦待大衛的僕人之時（撒上二十五 10 ～ 11），她的僕人第一時間向她匯報拿八對大衛的侮辱。她成功地阻止了大衛要徹底消滅所有屬於拿八的東西——包括她自己和她

的僕人。她敏捷地作出反應，並以智慧和仁慈帶著足夠六百人用的食物去迎見大衛。

然後，亞比該俯伏在地，懇求盛怒的大衛寬恕她的丈夫。因她合理的陳辭及她根據仁慈的法則而說的智慧話，她成功地游說大衛放棄向她丈夫報復的念頭；回到家中她發現丈夫酩酊大醉，她有智慧地把事情留待第二天才告訴丈夫。亞比該這智慧的行動令大衛及拿八避免了正面衝突，她被視為歷史上一位有智慧的女性、聰明的談判專家、一位有說服力的演說家。[5]

令人鼓舞的是，你我都可以跟隨這兩位有智慧而美麗的婦人的腳蹤！

如何說出美麗的言語

啊，我親愛的朋友，我甚願有足夠的篇幅可以告訴你，我多年來為了要說美麗言語的掙扎。我在另一本書內（《合神心意的女性》〔*A Woman After God's Own Heart*〕[6]），詳細描述了我說閒話的掙扎。我不斷學習如何及何時向我的丈夫和孩子說話，如何及何時向人講及他們（少說話永遠是最好的！）。在女兒還沒上學、讀小學，她在少年以及青成年期間，我絆倒了無數次。我只能說*神知道*我很努力嘗試著，而我也繼續努力嘗試，因為我知道，這智慧及仁慈話的法則，是神對我生命及我嘴唇一個美麗的計劃和標準。

箴言這本安置在整本聖經中間的書卷為我們提供了珍貴而永恆的智慧，包括了說敬虔話語的原則。我很高興與你們分享一些在以往及現在對我幫助重大的原則！

1. 設立兩項指引：神美麗婦女為自己的言辭設立了兩項指引：（一）只說有智慧的話；（二）只說仁慈的話（箴三十一26）。跟從這兩項指引，你便能經常說出一些值得說的話（智慧），並以適當的方式說話（仁慈）！你可能知識豐富，但若所說的話沒帶著憐憫，話語的果效將會大打折扣。

2. 三思而後言：「義人的心，*思量*如何回答；惡人的口吐出惡言」（箴十五28）。開口說話前認真停下來想一想自己要說的話，並小心選擇合乎神那智慧及仁慈法則的言辭。當你一不留神，惡言就會「像大雨傾盆而下」！[7]魯莽的說話及急躁的脾氣，表達了一種膚淺且不美麗的性格。[8]

3. 學習等候：當發生了一些不開心的事情，你要堅守的第一個原則就是靜止不言。若你必須即時作出回應，要確保自己所說的話是溫柔的，因為「回答*柔和*，使怒消退；言語暴戾，觸動怒氣」（箴十五1），然後靜候，因為靜候讓你有時間：

- 翻閱聖經尋找神的指引，該如何處理這種情況。
- 諮詢意見，聽取其他智慧人的觀點；箴言十五章14節提醒我們：「愚昧人口啖愚昧。」箴言二十八章26節更警告：「心中自是的，便是愚昧人。」
- 為你的處境祈求一顆仁慈的心及一個智慧的解決方法。
- 保持冷靜！保持清醒！退後！如箴言十七章27節道出：「性情溫良的，有聰明。」只有當我們冷靜時，我們才能聽取良好的勸告及作出明智的決定。

- 衡量問題。決定要讓這情況過去（箴十九11），還是要向有關人士「開口」（當然，要有智慧及仁慈！）。
- 考慮涉及的人：他冒犯了你，是因性格驅使，還是已變成一種特定模式？是偶然的失腳，還是不斷重複的錯誤行為？

4. 為你的言語添上蜜糖：智慧加上適當的措辭是很能吸引人的。這是箴言十六章21節背後的真理：「嘴中的甜言，加增人的學問。」動聽的話語必會使別人更樂意聆聽和接受指引，一茶匙的糖令苦澀的藥變得容易入口，真的不差！

5. 為你的言語加添說服力：除了說仁慈及動聽的話外，你還要知道說話的內容。言語是你思想的指標，你也希望藉著你所說的來傳遞見識；當你帶著權威講話時，這便顯明你清楚知道自己在說些甚麼，你的話語便具說服力。真正的智慧話必定叫人留下深刻印象。

6. 少說話：談到說話，少說話永遠是最好的！箴言十章19節指出：「多言多語難免有過；禁止嘴唇是有智慧。」箴言十七章28節也說：「愚昧人若靜默不言也可算為智慧。」以現代的話說：「寧可保持沉默，讓人以為愚蠢，總比開口說話，清除所有疑慮為佳！」

很明顯，我們若跟從神那智慧及仁慈的標準，我們的言語便會變得美麗。求神叫我們長大成為受人稱讚的婦女：「她開口就發智慧；她舌上有仁慈的法則」（箴三十一26）。

邀請成為美麗

現在，我忠心又勇敢的攀山伙伴，請你再次思想沙漠中的那個水泉，那個生命的泉源。然後再想想在你日常生活中那些受到傷害、在壓力下掙扎的人；可能他們會面上掛著堅強的微笑，但另一句箴言卻揭示了微笑背後的真相：「心中的苦楚，自己知道……人在喜笑中，心也憂愁；快樂至極就生愁苦」(箴十四10、13)。

何不與我一同立志，用智慧仁慈的話語造就生命，給你遇見的人重新帶來能量，給他們鼓勵，使他們喜樂？你也能成為一個生命活泉，與其「說話浮躁如刀刺人」，你的說話可以是「智慧人的舌頭、醫人的良藥」(箴十二18)。透過神的祝福、祂在你心中的愛以及你謹慎選取的智慧而仁慈的話，你可以醫治那些心靈疲乏的人。

當你失敗了，請緊記以下有關美麗言辭的忠告：接受神的挑戰，只說智慧和仁慈的話、不要氣餒、繼續嘗試！這是你我可如何繼續向前邁進，達致神美麗標準的方法！

20

留心觀察

她的管理

「她觀察家務，並不吃閒飯」

（箴三十一27）

我親愛的丈夫每天下班回家後，都會愉快地問我：「你今天作了甚麼？」丈夫回到家中，心感快樂滿足，就將他的注意力轉移到我的身上。他經過富挑戰性的一天後，也想知道我的日子又如何。他真誠的關注除了叫我驚訝外，也令我的心跳加快，因為某些緣故，我過分專注於*作*這個字上──「你今天*作*了甚麼？」即使丈夫的問候不是要我交代甚麼，我卻像要交代甚麼似的自動回答：「我也不大清楚自己作了甚麼，但知道一件事，就是整天坐下來！」

有關有智慧及有效使用時間的勸告，以往對我從來起不了甚麼作用，但自從我開始學效神美麗婦女有關時間、生活及家居管理以後，我有了改變。在神眼中看為美麗的婦女「觀察家務，並不吃閒飯」（箴三十一27）。這一節的智慧生動地顯明我應作甚麼而不應作甚麼，這亦給我一個終生雙重的挑戰。讓我先闡述正面的挑戰。

看守她的羊羣

利慕伊勒的母親進一步教導說：「她*觀察*家務」（箴三十一27）。我們知道這位箴言三十章的婦女有能力僱用婢女（15節），但在這裏我們看到她自己也很積極參與管理家居。沒有人可以代替她管理她的家，因為這是*她*的家、*她*的家人、*她*的家居；她亦視管理家庭是*她*的份內事。

這位母親用王子熟悉的一個比喻（這個小男孩有一天會成為一個「看守」人民的君王）來描述他的妻子：一個守望者。守望者的職責是要留心觀察、看管及守望一個城市或一片土地。在利慕伊勒的成長過程中，他經常可以看見城牆上、烽火台上及山頂上二十四小時不停駐守的守望者。他們要時刻保持儆醒，偵察任何惡意的行動，並向君王呈報任何可疑活動。[1]年青的利慕伊勒清楚知道守望者的角色和職責。

他那聰明的母親本身也是一位能幹的經理，她告訴兒子要娶一個能看守家人和家務的女子，像諺語所云：一個前後長著眼睛的婦女！當這婦女留心觀察時，她會轉動她的頭，四處張望，觀察每一個角落，以防掛萬漏一！[2]這守望者的比喻表明了她時刻看守著，用她的眼睛觀察家人的進出，從而實踐守望她珍貴家人及財產的神聖職責。她留心觀察並看管一切大小事情。

神美麗的守望者如何認真看待她的管事？欽定本說：「她*細心*觀察家中事務」（箴三十一27）。換句話說，她不是只匆匆一瞥家庭事務，或間歇地檢查家居的室溫（字面及象徵意義），她是詳細而仔細地觀察及監管家居各項事情。她警覺性高又充滿活力，她跟上家庭的脈搏，沒有甚麼可逃得過她的觀察和掌握。[3]她從神而來的職責就是要以精明及銳利的目光，看守家中各項大小事情並照顧家人及家庭。

其次，我們看到「她觀察家務」（箴三十一27）。她細心留意家庭生活的規律——她家居的生活模式：家人一般進出的時間、他們的習慣和活動。希伯來文「模式」一詞，是指因頻繁使用而留下的痕迹，如草地上或馬路上因繁忙的人流或車量而留下的痕迹。[4]我們這守望的婦人清楚知道這些習慣，以及習慣上的改變，沒有事會在她的意料之外。

神美麗的守望者觀察家中進行或發生的一切事情。她知道家人的最新動態及家居的一般流程。她清楚知道家中各項大小事情，如城樓的守望者一樣——他們會向君王匯報任何可疑或可能危害國家的活動——神美麗的婦女在有需要時也會響起警號；當情況不妙，她就會向丈夫發出警告，她是他忠心的守望者。

她忠心「觀察家務」。這家也包括了家庭核心成員以外的親人。她的丈夫和兒女是她最大的關注，因為他們是她的羊，他們的幸福和活動是她最為關注的。但除了這些羊及她真正擁有的羊羣以外（箴三十一17，二十七23），我們美麗的婦人也有家中的羊隻需要看顧。作為家庭的女主人，她亦照顧她的姻親和她的婢女，看管他們，就如牧羊人看守羊羣一樣。

看守她自己

在神眼中看為美麗的婦人也看守她自己：「她不吃閒飯」（箴三十一27）。希伯來文「吃」一詞有富裕生活的含義。但神美麗的婦女卻不受富裕的生活所牽累！她並不選取吃喝玩樂的日子。[5]反之，她辛勤地看守家居，使她沒有時間閒散。她又怎能閒散呢？哪來閒散的時間？她忙於管理家庭，看守她的羊羣，她根本沒有時間享受懶惰或閒散。這個道理也是明顯的，因為她不閒散，所以她有所需的時間留心觀察家庭，確保家庭頭頭是道！

箴言三十一章27節說：「她不吃閒飯」。希伯來文的「飯」一詞是與懶惰有關的。「吃」與「閒飯」連用，就描繪了一幅清晰的圖畫：神美麗的婦女不參與任何懶惰閒散的活動。一位譯者告訴我們：「她不滿足於只是吃和睡的日子」。[6]我最喜愛的註釋本直接寫道：「她從不懶惰」！[7]現在，你明白為甚麼我從來不坐下休息了嗎？箴言三十一章27節成為我終生的挑戰！

如何成為美麗

首先是人。談到家庭生活時，一項良好的原則是：「以人為先，然後才是地方」。組成你家庭的珍貴家人，永遠較你所居住的地方來得重要，畢竟地方是為服事人存在的。所以你的美麗角色，便是要讓家人在靈性上、情緒上及身體上都得著妥善的照顧。你從神而來的職責，就是要確保家人有衣有食，如箴言三十章的婦女所作的一樣！

在這亮光底下，請讀這位為人妻子、母親兼祖母的薛飛夫人那發人深省的話：「被忽略的母親及外祖母不斷教導下一代，人敏銳的情感及對反應的需要，遠不及一個清潔的家、時間表、家庭規矩及守則來得重要。她們的教導，正為自己預備了被忽略的道路」。[8]當你願跟從這個「以人為先，然後才是地方」的原則時，你便會將精力集中在正確的地方，那讓你將美麗發揮至最高境界的地方。

照顧家人的其中一部分便是為他們禱告。如詩人所言：「若不是耶和華建造房屋，建造的人就枉然勞力；若不是耶和華看守城池，看守的人就枉然儆醒」（詩一二七1）。你永不知道在天堂的這一邊，會有多少沮喪的家人因著你為他們作的禱告而得著鼓勵；也不知道有多少的問題，會因為神回應你的禱告賜下智慧而得到解決；也不知有多少場在你家中的屬靈戰爭，會因為你把懇求呈達於天上的寶座而獲得了勝利！

然後才是地方。當家人都得著適當照顧後，你可將注意力移到「家居管理」上。我的書桌上擺放了由一位居於蘇格蘭的朋友送贈的，一八六一年出版的一系列古老書籍，名為《貝登家庭手冊》（*Beeton's Book of Household Management*）[9]。在這一千一百二十五頁書內，詳細列出了如何飼養牲畜、挑選品種、屠宰、調味、保存及烹調等；如何為十九人預備晚餐；如何給參與家務的廚師、傭人、司機、洗衣工人、護士等發出適當的崗位守則；也備有一些醫療及法律知識。這手冊的用意，明顯是幫助那些渴望可以看守自己家庭及觀察家務的婦女！

我在思想，作為神美麗的婦女，我們應該作些甚麼以看守我們的家？我希望與你分享我的一列清單——也許像你的那樣——跟貝登系列不盡相同！像那位箴言三十一章的婦女，我觀察家務：看守我的家人、地方、財政、膳食、「傭人」及衣物。例如，此刻我的洗衣機（清洗衣物的婢女）正在轉動；我已經開了灑水掣（我的園丁）；我已關了窗、開了空調（現在是八月！）；我已將車子送往車房修理（有司機協助）；與我的丈夫共進早餐（相處的時間）；給我的女兒發電郵，彼此相隔雖遠，我現在仍然看守她們和培育我們的關係；我已清潔了家居、繳交了賬項、發了郵件、回覆一切的電話及計劃了今天的工作。我已與主相會，而祂也鼓勵我的心及給我力量，以面對步伐急速又辛勤的一天。現在是早上十一時三十分，從我醒來的那一刻開始，我已努力將家人和家庭放在正確的道路、正確的「模式」上。

當兩個女兒還是年幼時，我除了要檢查她們的功課和手冊外，我每天的生活模式大致相同。我為訓練兩個女兒投資時間和精神，好叫她們有一天，也都擁有觀察家務的必須技巧如清潔家居、煮食、擺設餐桌、照顧寵物、打理後園、洗衣、熨衣及摺疊衣物等。我將清潔、刷牙及準時帶飯盒上學的紀律深深植根在她們心中！

花了六七個小時打理家務後，我便會開始我的寫作。期間我會與丈夫共享晚餐，黃昏時到車房取回已修理的汽車，作最後的家居清潔，入睡前大概還要多寫兩個小時。即使如此，我卻不會生氣。

請原諒我用了這麼多的時間和篇幅列出我日常的活動。但我希望你知道——無論你是否職業女性——要觀察家務、看守你的家庭，實在涉及了很多很多的事。任何工作上的責任和忠誠，也只能排在妥善照顧家人和家庭的次序之後。在我的家人或家庭未能得到適當照顧之前，我不會提筆寫作（我通常每天也花十小時搜集資料及寫作），對於我來說，照顧家人及打理家居每天需八個小時！而我寫作及教導的「工作」，永不可以成為我疏於觀察家居的藉口！

這也應用在你身上。從工作而來的收入永不能取代你照顧家人及家庭的責任。在神眼中看為美麗的婦女（在僱主、主任、上司、同事或出版商眼中卻不一定視為美麗）會確保她的家居是有條不紊的。有則笑話這樣說：「現今的家庭實行三更制——爸爸看守夜更，媽媽看守日更，孩子則自由浮動更」。但在你為神建立的美麗家居裏，卻永不能出現這種情況。以你的心朝向屬神的美麗、運用良好的時間管理技巧和計劃好每天日程，你便能處理生活中的一切事務了。

邀請成為美麗

我知道這並不吸引或令人興奮，但你的家肯定是你最值得辛勤看守的地方。家庭也是你在世上最值得投資時間和精神的地方。何以我這樣說？因為若你知道你為家居所作的一切，都是為神而作的，那麼你在家庭這小小地方所作的工，便是永恆的工作、有意義的工作、重要的工作！我邀請你享受在小地方服事的美麗，一個小小的地方——例如，你的家。

小小的地方

「親愛的主，我今天應到哪兒作工？」
我溫暖的愛正自由湧流。
祂回答說：
「看見那小小的地方嗎？
為我照顧那個地方。」

我回答說：「不，不要在那兒！
不論我作得如何出色，總沒有人看見的，
不要為我安排那個地方！」

祂說話時，聲音是溫柔而仁慈的，
祂柔聲道：
「親愛的，察看你的心，
你為他們作，還是為我作呢？
拿撒勒是一個小小的地方，
加利利也是。」[10]

21

福杯

她的家庭

「她的兒女起來稱她有福；她的丈夫也稱讚她」

（箴三十一28）

當我寫這一章時，外子和我正預備出門前往參加一對年過七十歲夫婦的驚喜派對。他倆的兒女為父母所搞的派對，並不是慶祝他們結婚五十週年、也不是一個榮休慶典、更不是甚麼生日派對，這個邀請純粹是慶祝榮耀。是不是很有意義呢？

我美麗的朋友，這一章也是用以慶祝榮耀。在前面的二十章，你與我都聽到那位母親怎樣為孩子描述一位在神眼中看為美麗的婦女。我們一起看過她那高尚的特質：她的勤奮、她辛勤的工作、她的早起、她小心的預備、她有智慧的管理、她的企業精神、她那鼓勵的話語、她小心看管她所愛的人、為她家人的好處不斷努力工作。在愛的推動下，神那美麗的婦女樂意為她的家人傾倒生命，她所擁有的確是罕見的美麗（10節）！

現在，我們聽到慶祝她榮耀的聲音，神美麗的婦女正接受她最高的回報——不是由社區或鎮上的人民、也不是由教會的弟兄姊妹或同事們、或由鄰居們發出的。她的稱讚，來自那些對她至為重要、認識她最好的一面、並終生享受她辛勤努力成果的一羣——她的家人！讓我們聽聽她的孩子如何讚美她。

蒙福的母親

箴言三十一章28節宣稱：「她的兒女起來稱她有福」。我們雖然未曾看見或遇見她的孩子，但在這裏他們聚首一堂「起來」歌頌她！其中一個譯本令我發出會心微笑：「他們早上起來，發現所有東西都預備妥當，孩子們便向她表示謝意。」[1]孩子向母親表達謝意是每位母親都夢寐以求的，母親也應訓練孩子表達謝意，但不是每個人都會表達謝意的。另一位解經家則認為，起來的意思是在她面前站立以示尊敬（那亦是母親的另一個夢想！）。[2]起來的另一個可能解釋便是一項預備動作：她的孩子在眾人面前起來，要向母親公開表達謝意及尊重的說話，[3]就像在一個特別聚會中站起來講話一樣。

你可能會同意以上的翻譯。但「*起來*」這個詞的實際意思，是指箴言三十一章的婦女的孩子已經長大成人，並已離開家庭往外居住，他們的生活為她帶來榮耀、祝福及聲譽；孩子的生活，成了她的價值及她的工作活現的讚美。

蒙福的讀者，不管意思是指向哪一種解釋，以下的信息是清晰的：箴言三十一章的婦女的孩子給她生命中最高的回報。他們祝福她、讚美她。她的孩子享受了母親才德所結的甜美成果，而她，也經歷孩子們生活所帶來的甜美果子，並與他們一同喜樂。如我曾說的，他們祝福她——她是蒙福的（意思是快樂）！[4]他們真誠的話語以及他們的生活祝福了她。她的福杯確是滿溢！

我為我的孩子們禱告，希望他們也可以「起來」——不是為向我說「謝謝你」或站立示敬、甚或發表致謝的言辭，而是他們可以過著敬虔的生活——那叫我重新檢視自己的心及靈魂。這些禱告，助我發掘了母親的愛的一些重要元素（母親原是家人的祝福）。這些元素是與心有關的——作為母親的一顆心、*你*的心——將愛應用在你的兒女、收養的兒女以及孫兒女身上。

元素1：母親的關顧

藉著提供*基本所需*的衣食、居所及休息，一個母親跟孩子分享她的愛。一個深受歡迎的廚房木牌上寫著：「這裏提供神聖服務，每天三次」！對於跟隨箴言三十一章那位母親腳蹤的婦女，一個悉心照顧孩子的母親，那是很奇妙的觀點：她照顧她的孩子，每天用大部分的時間為她所愛的人預備衣食。她提供的家是溫暖的，但溫暖不是指室溫，而是愛的溫暖，因為她的性格不是爭吵不休（箴二十一9）或到處喧嚷的（箴七11），她的家是她家人可以休息和享受平安的地方；她每天都照顧家人身體上的需要。

母親的關顧也是指每天*傾倒時間*。我們與孩子共度的每一分鐘——實際上是每一秒——都是重要的！愛便是給予孩子時間、時間、和時間，每年每分的時間。事實上，我們的孩子需要我們終身的時間！我們的孩子年幼時需要我們的時間——很多的時間！你知道嗎？孩子的性格及個性發展，一半在他們三歲前已形成了。到了五歲，他們的性格及個性發展已達百分之七十五！當我們的孩子成長後，他們也需要我們的時間。當他們學懂了思想，可以與我們溝通對話時、當他們面對中小學的挑戰、當他們成為在職或在大學的青少年後，他們仍然需要我們的時間。而當他們逐漸年長，他們需要我們的時間作他們的朋友。箴言三十一章的婦人的孩子——那些孩子已經成為她的*朋友*——起來祝福她！我們花在孩子身上的每一分鐘——事實上是每一秒——都是對他們性格及將來發展的一項投資。

當孩子離家出外生活後，母親的關顧不會因此停止，反之，母親會努力給予一個*跨越距離的愛*。舊約的哈拿，這位美麗的母親，為她的小撒母耳提供豐足遙距的愛（撒上二19）。母子二人相距約一天的路程，但撒母耳卻知道自己是被愛的，因為哈拿（她也是一位織匠）會花上一整年的時間給撒母耳縫製新衣，並在每年節期時親自送到撒母耳服事的殿裏去。

作家愛麗莎（Elisabeth Elliot）起來祝福她的母親，因為她的母親給她越洋寫信。她說：「雖然我們不能負擔長途電話的費用，但我們仍是豐足的！因為今天很少家庭會擁有這恆久又親密的紀錄，那些信收藏在我閣樓的一個箱子裏，那是由一九五四年至一九八五年母親寫給孩子的全套書信」。[5]當愛麗莎起初離家求學的時候，她的母親每星期給她寫兩封信，由一九四一年的九月至一九八○年間，每星期的信件從沒間斷過，直至這位母親在八十年代精神出現問題時才停止寫信給她的孩子——她一共有六個孩子呢！這些信件是由愛心滿溢的母親所流露的作品，這樣的愛找到了越洋照顧子女的方法。傾倒關心是需要時間的，試想像一星期寫十二封信——那時還沒有文書處理器幫助！活出母愛便是照顧孩子，並為他們付出時間。

元素2：母親的注意力

作為神美麗的母親，你我都樂意將母親的精力及努力集中在一個目標上：教導兒女愛我們的主。我們從神來的責任，就是要培育一個會服事和榮耀祂的人。我們的目標不是要培育一位醫生、老師、工程師、田徑家、甚或一位牧師或宣教士。如果我們集中培育孩子一顆跟從神的心，便能讓神決定孩子的職業。摩西是牧羊人，他的心卻屬於神；大衛也是牧人、保羅是織帳棚的、彼得是漁夫，但他們每一個都有一顆忠於神的心。

我們可以與神同工，培育下一代，那是一項特權。我們的下一代又會教養他們的下一代（箴二十二6）。身為母親、祖母與及曾祖母的薛飛夫人解釋道：「我們負責『把信心之旗傳遞下去』，小心不要在半路中途掉了或是放棄，因為我們要對下一代負責。將真理傳給下一代是神一項很重要的吩咐。」[6]

當你傳遞你的信心時，我鼓勵你每晚都為你的孩子禱告。看看艾哈利博士（Dr. Harry Ironside）母親的例子。艾博士在十九世紀末被譽為「洛杉磯的少年傳道」，他後來成為芝加哥慕迪紀念堂（Moody Memorial Church）的傳道人，並寫了六十多本書。每一晚當哈利的母親安排孩子入睡時，她會在牀邊為孩子作以下的禱告：「天父，請及早拯救我的孩子，保守他只為祢而活而不被其他事物吸引。天父，讓他願為耶穌的緣故甘受踢打、捆鎖，忍受一切的淩辱。」[7]艾太太只集中在惟一一件事——就是要孩子愛神！

元素3：母親的計劃

箴言三十一章的美麗母親，會計劃如何令她所擔當的角色不斷進步（15、27節），而你與我也都需要計劃。最終的成果必定在神的手中，但日常的家居運作卻在我們的手中。讓我與你分享我以往及現在對家人的願望，並我如何為實現願望而作出的計劃。若沒有計劃，我心中的這些偉大願望（我相信你心中也有願望）是永不會發生的。

第一個願望，我切望*主臨在我家中*。那代表了先要讓主充滿我的心；那也代表了我每天要預留黃金時間，閱讀神的話語並禱告，好讓我能佩上神眼中看為美麗婦女的標誌。若要神明顯臨在於我的家、我的家務中及我與家人的相處上，那麼祂就先要臨在於我心中。

其次，作為年輕的母親，我希望可將*耶穌基督的信仰*傳給我的孩子（包括孫兒女）。計劃確是奏效的。我計劃要定期參加教會聚會、每天和女兒們一同讀聖經；我甚至在禱告裏計劃如何在兩個女兒面前談及神，我也求神幫助我把握每個將女兒帶到祂面前的機會。我的計劃也包括讓兩個女兒多接觸與我具有同一信仰的人。信不信由你，我也計劃禱告，好讓自己能定期為*她們*祈禱！我亦計劃睡前時間、尋找聖經書籍和聖經故事讀給我的孩子聽。將你在基督裏的信仰傳給你的孩子，確是值得計劃的事情。

*家居愉快的氣氛*能為美好回憶締造一個美麗的背景。因為我希望家庭有溫暖的氣氛，以及它所孕育的美麗回憶，於是我計劃。我計劃三餐，包括如何擺設及美化餐桌；我也在家庭、家務、洗衣物及照料衣物的事務上計劃秩序，使生活更寧靜。我也策劃驚喜，使家庭生活滿有樂趣。若然你覺得

這些計劃需要付出努力，請緊記，沒有一件藝術作品是在草率下產生的，藝術家需要思考及設計，而「家庭」這項藝術品同樣需要思考及設計。

我希望與孩子們有*更緊密的關係*，所以我為此計劃。我的計劃包括我應說甚麼、問甚麼問題、如何表達我的愛、給她們甚麼特別的禮物或作甚麼仁慈的行為；我也計劃戶外活動，並計劃慶祝假期、聖誕節、復活節及生日。

另一種可增進關係的計劃是善用你點滴的時間。例如，你的孩子放學後從這道門進來，匆匆換了衣服，從另一道門趕去上班或去舞會，當你只有數分鐘，要計劃如何善用這重要的數分鐘。當你只能與孩子相聚數小時——日子挺繁忙的，但你仍有時間與他們共用晚餐——要計劃這些重要的時間（也要計劃飯菜）！或當你只可與你的孩子、收養的孩子或孫兒女相聚數天時，計劃以愛充滿那數天吧。你可讓孩子的每分鐘、每小時及每一天都滿了祝福！

我兩個女兒現在雖然已結婚，但我仍然培育我和她們、以及我和她們的丈夫的關係，所以（可能你已猜著了！）我仍有計劃！給她們寫信及發電郵、為她們及她們的家庭禱告、給她們新婚小禮物、在她們有需要時作出援助、探訪她們、與她們共度假日：我為這一切一一計劃；有時我也計劃不致電她們或打擾她們！

最後，還有一項少不得的計劃：要*持之以恆*；不管發生甚麼事，你總要堅持作母親而計劃！我聽過一個改變生命（其實是改變母親！）的電台訪問，訪問對象是梅惠博士（Dr. Richard Mayhue），他是一間神學院的院長，育有幾名成年子女。梅惠博士將作父母親的比喻為一場在一百碼的場上進行的生死攸關的足球賽。他指出，有些家長駕車把孩子送到初中階段（五十碼線），開了車門，就讓孩子下車，然後揮手以示再見，並說：「好了，我已經把你需要知道的一切教了你，現在你去作吧！」有些父母則給他們只有十六歲的孩子（七十五碼線）一條車匙（甚或一架車子），然後站在公路上揮手說再見，大叫道：「現在你已獨立了，你可自行開車，也可找份工作，你應該知道你要作甚麼，祝好運！」大部分的父母，卻於孩子還在高中、仍可模造的時期（九十五碼線）放開了手，並對孩子說：「要時不時來探望我們！」

梅惠博士強調：我們需要與孩子「共同進退」，特別是跨越那介乎九十五碼線及一百碼線的距離，即與十八至二十五歲期間的孩子共同進退。他形容在一場真正的足球賽，雙方會發生激烈碰撞，為要極力爭取最後五碼的每一寸。他也很有智慧地指出，那最後五碼便是你孩子選擇事業與伴侶的時期——這兩個決定是人生最重要的決定（僅次於對耶穌基督的信仰）！

親愛的朋友，忠誠的母親：這一切都說明，不管我們的孩子在甚麼年紀，你我都一定要計劃如何鼓勵、幫助、勸告他們，並為他們禱告。我們的職責，是要與我們的孩子手握著手、肩並肩、一寸一寸地前進，共同邁向終點線，我們的關顧和指導永不能停止！相信我，你的孩子會因為你持久的關心、照顧及禱告而起來祝福你！

由於篇幅有限，我無法跟你分享我深深相信的，神的話語中有關作母親的教導，以及我自己在撫育孩子期間學到的功課。但我推薦你看我的另一部著作：《合神心意的婦女》[8]的第四章〈母親的心〉。原來為人母親之道，到底是由心——由你的心而發的！

元素4：母親的工作

在此，我希望與你分享另一項元素，以代替「如何成為美麗」；這元素肯定包括了部分為人母親之道。當母親盡責地撫養孩子，她便是跟從了神的計劃。愛是要付代價的，那是辛勤及自我犧牲的工作。在前面十九節對箴言三十一章的婦女的描述當中，共有十二至十五處明顯或間接提到她的工作：她未到黎明便起來、她的燈終夜不滅（15、18節）；由清早至深夜，她為家人忙個不停，那是出於她對家人的大愛。

再一次聽聽薛飛夫人那真誠的話：「作母親這回事是值得為之奮鬥、是配被稱為事業、是配得為之辛勤工作的一項榮耀的服事。」[9]請相信：身為人母是世上最艱巨的工作！母親的愛是由始至終、永不間斷的工作！但請看看你作為母親可以成就的工作：

- 母親愛她的孩子。
  工作將你的愛化為動力。
- 母親關心她的孩子。
  工作表達你的關心。
- 母親注重讓孩子認識基督。
  工作（特別是神在他們心中的工作）
  把你的信仰付諸行動。

當你和我盡上母親的職責並辛勤工作的時候，神便會祝福我們的努力，並助我們實現對家庭的夢想。

現在應談談我們的工作態度。神的話語告訴我們，工作不要發怨言（腓二 14）；神的話語也告訴我們，我們作的一切，應當像是給主作的，不是給人作的（西三 23）；工作應甘心樂意（箴三十一 13），不要指望回報或償還（路六 35）；而我們需要教導、訓練、管教、照顧、計劃、付出、祈禱及相信等工作，因為那是神給母親的職責！

可是，如果……？

我幾乎可以聽到你說：「如果我的孩子不跟從我在屬靈上和生活上的指引，那怎麼辦？如果他們不為神而活？如果他們不跟從我教導的方式生活？如果他們對我為他們所作的一切從不表示謝意甚或不加注意？又如果他們從來不向母親致敬……」

我自己也有過這些思想，但我學會了作母親付出的能量及努力，永不可受回報所推動。要知道，神早已決定了你的角色：作為母親，你要愛你的孩子——不管發生甚麼事情（多二4）；你要教導你的孩子——不管發生甚麼事情（箴一8）；你要教養你的孩子——不管發生甚麼事情（箴二十二 6）；你要管教你的孩子——不管發生甚麼事情（箴二十九 17）；你也要照顧你的孩子——不管發生甚麼事情（箴三十一27）。

母親也許會想，她所付出的努力，能否培育一位她祈求的敬虔孩子呢？即使她如此懷疑，她仍需作以上的一切。為甚麼？因為在她心中，她的信心不在於她的工作，而是在於*神*！所以，母親要盡力以神的方式工作——不管發生甚麼事情——然後將順服的結果交託她那位滿有智慧、大有能力和美善的神。你作母親的職責便是要跟從神的計劃，那麼神會為自己神聖的目標讓萬事都互相效力（羅八28），並在你孩子及你的生命中，印證祂美善及完全的旨意（羅十二2）！母親盡養育孩子的職責，便是相信及服從她所事奉的神了。

邀請成為美麗

談到為人母親，我的情緒就高漲起來。我為你禱告，願我的情感能夠觸動你的心，並推動你心中的戰士出來！就如我們以上提到薛飛夫人的話：「作母親這回事是值得為之奮鬥的！」作母親的，並不容許中立、無知、自我、或「舉手投降」的態度！這是為甚麼我嘗試激起你那澎湃的熱情，以推動你堅持恆久的關顧、繼續努力、永不放棄的態度、以及作出百分之一百零一的表現！作為母親——一位屬神的母親——確實是能夠觸及一代又一代的孩子的。

結束這一章之前，讓我告訴你，當我讀到學園傳道會（Campus Crusade for Christ）的創立人白立德（Bill Bright）的母親時，就不禁感動得流下淚來。她雖被形容為「平凡」的一位女性，但當她在九十三歲高齡垂危病牀的時候，她家中一百零九個成員，包括她的孩子、孫兒、曾孫兒女及曾曾孫女都趕到她的病牀前，向她表達愛和敬意。他們全部都願意起來稱讚她「有福」。[10]我親愛的朋友，那正是我對你和我的願望！

22

至高無上的讚美

她的讚美

「她的兒女起來稱她有福；她的丈夫也稱讚她，說：才德的女子很多，惟獨你超過一切」（箴三十一28～29）

以下是一位丈夫在其著作的獻辭上對其忠心的妻子所表達的謝意，我深深為之感動：

> 以深摯的愛及感激，我將此書獻給我親愛的伙伴及妻子伊芙蓮（Evelyn）。她在過往四十多年陪伴左右，她給我愛，與我共同努力。當其他人懷疑我時，她明白我。這些年來，她與我一同忠心地向天上的父禱告，當其他人的視野變得偏狹時，她幫助我保持信心；她真正是神賜給我的好助手。[1]

這獻辭反映了箴言三十一章的婦女的丈夫那發自心底的感激和感謝，它也為這一章設定舞台，向這位在神眼中看為美麗的婦女唱出讚美之歌。

出色的妻子

箴言三十一章的婦女不但表現出是一位蒙福的母親，我們現在看見（並不覺得奇怪），她也是一位卓越及受愛戴的妻子，她深獲丈夫的認同。在這首才德之詩中，在她心目中佔著首要地位的丈夫，是最後一位發話，向這位在神眼中看為美麗的妻子發出讚美的。

這讚美的終曲，由「她的丈夫也〔起來〕」開始（箴三十一28）。這位美善婦人的孩子發出讚美後，現在便輪到那最重要的一位開口說話了。他由衷地為妻子所作的一切向她表示謝意、認同及感激；他更為其美麗妻子在過去多年來為他所作的無數的無私的工作而讚美她。

這蒙福的丈夫——這位人民偉大的領袖、在城門口為眾人認識而具影響力的男人——「稱讚〔他的妻子〕」（箴三十一28）！他充滿自豪地公開讚揚他的妻子，因為她願意承受照顧他的重擔，她是他哀傷中的安慰者、他忠心的參事、最好的朋友、他喜樂的源頭、他最華美的冠冕！他與這位年輕結伴的配偶（箴二17）在人生旅程中共同經歷無數。此刻，他的孩子已經「長大成人」並投入社會工作，她呢，依然是他忠心的妻子，終生使他有益無損（12節）。

才德婦女的軍隊

我們靜靜期待，等候著神美麗婦女的丈夫——那個最熟悉她的人——開始其讚美的言辭：「才德的婦女很多」（箴三十一29）。這位充滿智慧的男士知道，一位高貴女子的特質及行為是怎樣的（他也娶了一位），他知道才德的女子大不乏人，事實上，才德女子多如一隊軍隊。他經常坐在城門口

(23節),認識不少城內性格堅強的婦女,我相信他可列出那些有財富、深受人民敬重、過著有價值生活的婦女。是的,才德的女子*很多*!

他也承認:「*才德*的女子很多」(箴三十一29)。還記得我們在第一章對「*才德*」的定義嗎?「才德」或「*卓越*」這個詞代表了「心力和體力」,這詞也正確地描述了軍隊。箴言三十一章的婦女的丈夫藉「*才德*」一詞帶出了軍隊的比喻。不少婦女展現了她們的才德、很多均表現卓越、很多也能表現勇敢、很多能證實她們的價值、很多能賺取財富、也有很多顯示了大能力及權勢。

最出色的!

「惟獨」,這位既自豪又感激的丈夫繼續說:「惟獨你超過一切」(箴三十一29)。他那寶貴的妻子不但在神眼中看為美麗,在他眼中也看為美麗。當他說:「你超越她們!你勝過她們!你遠較她們優勝!你是她們當中最出色的!」[2]這個讚美的宣告不斷發出回響。換句話說,他指出很多婦女「所作的事」具有價值,但他美麗的妻子「本身」便具有價值;其他婦女是「作」她們的工(且表現出色),但他讚美他的妻子是因為她的性格:她「是」卓越的![3]將她與才德婦女的全軍比較,他很有信心地宣稱:她是最崇高的一位。他被她的卓越所吸引,他歡喜地宣告:「你是最出色的!」[4]

這裏有一個附註:希伯來聖經是說:「你比他們都要優勝」。[5]這希伯來文字句暗示,丈夫是為其妻子的實際成就及工作發出真誠的欣賞及感激,並不是出於施捨、責任甚或客套話。神美麗的婦女真正配得這誠意的稱讚，因為她確實是最出色的！

才德的萬花筒

我親愛的朋友，我希望你不會因這位忠心又完全彰顯屬神美麗的婦女而感到氣餒。在過往的二十節裏，我們看到她敬虔的才德並她純全的性格；這偉大的女子並不膚淺，她美麗的生命不是建基在單薄的根基上，她敬虔及才德的美麗滲透了她的生命及她自己，我們可以從她身上學習很多功課。箴言二十章5節說：「惟明哲人纔能汲引出來。」這也是我們整本書的目標：盡我們所能地學效箴言三十一章的婦女的美麗。

在我的思想中，她有如一個萬花筒。小時候，你玩過萬花筒嗎？在那細小、由卡紙摺成的圓筒內，盛著閃亮耀眼的玻璃碎片或膠碎片。把萬花筒對準光源，當光線穿透萬花筒，你便能看見由染彩玻璃所構成的圖案；當你轉動萬花筒時，那些碎片便會隨之轉動，創造另一華麗的圖案。

我可愛的朋友，神看為美麗的婦女就如一個萬花筒。在箴言三十一章，神讓你我看到這婦人在生活各個層面所展示的豐富色彩及光輝的圖案。當我們由一節進到另一節、由一項才德轉到另一項才德，我們就如將神美麗婦女的品格對準向聖靈，聖靈的光將她的才德照耀明亮。當我們轉到下一節、轉了少許角度，便又會看見另一幅令人屏息的美麗圖案。箴言三十一章是對一位婦女多重角色的觀察，每一節均助我們從一個不同的角度觀看她全部的才德。她確是一個才德的萬花筒！

不停地轉動這箴言三十一章的萬花筒，你與我便很容易明白為何她的丈夫會如此高度讚揚他的妻子了。請看看她多方面的榮美吧！

- 她為丈夫的名字及聲譽帶來榮耀，因為她是「才德的婦人」（10節）。
- 她促進他財政上的穩健，管理他的金錢，使「他必不缺少利益」（11節）。
- 她紓緩他心靈的擔子，讓他可以集中精神，處理當領袖的繁重工作：「他丈夫心裏倚靠她……她一生使丈夫有益無損」（11～12節）。
- 她為家人提供所需：「未到黎明她就起來，把食物分給家中的人」（15節）。
- 她增添他的資產及擴展他的地產：「用手所得之利（購買田地）栽種葡萄園」（16節）。
- 她用説話安慰及鼓勵他：「她開口就發智慧，她舌上有仁慈的法則」（26節）。
- 她讓他毋須掛慮家中事務，使他可以服事社區；她盡責地「觀察家務」（27節）。
- 她撫育他的孩子，因她的努力，「她的兒女起來稱她有福」（28節）。

無怪乎神那美麗婦人的丈夫給她唱的讚美之歌，可以流傳多年！

美麗的冠冕

以下有另一幅吸引我們注意的圖畫：這位被大大稱揚的婦女，本身就是那發出讚美的丈夫的冠冕！箴言十二章4節說：「才德的婦人是丈夫的冠冕」。神美麗的妻子是她丈夫佩戴的冠冕，是他最光輝耀目的飾物；她使得他備受注目，如一位有名望之人，受人尊敬及祝福。[6]冠冕是威儀的象徵；而一位具能力及威儀的才德女子（25節），不但為自己帶來尊重、美譽及名聲，更為她的丈夫帶來同樣的榮耀。[7]她裝飾及美化*他*的生命，*她*就是他的榮耀，是他的冠冕。

神美麗的婦女也樂於成為丈夫的冠冕。她甘願退居幕後，避過水銀燈，好讓她的丈夫受人注目、被人尊重。當她的丈夫成為目光的焦點、當他表現卓越、當他被認同、當他登上高位時，她會為之喜悅。事實上，她樂於藏在丈夫的影子裏，他被提升是她最大的回報。她期望自己的丈夫高度受尊重及尊崇，因此她也甘心為他犧牲自己。這冠冕的圖畫也給我們另一信息：這美麗的冠冕也是喜樂的冠冕。我這樣說是因為，在神美麗婦女的年代，新郎在婚宴上會穿戴君王般的衣飾；若他負擔得起的話，他會戴上一頂黃金冠冕；若不，他則會戴上由鮮花編織而成的冠冕，給自己君王般的外表。在那榮耀的結婚之日，即使一個農民，人們也會因他頭上的冠冕所象徵的崇高地位，尊敬他如尊敬王子。[8]

當婚禮過後，婚宴只剩記憶，生活復歸平常，而那男子的新婚妻子便成了他的冠冕。在神眼中看為美麗的婦女會尊敬他如尊敬君王，她成了丈夫榮耀的象徵；她豐富地美化及裝飾了他的生命，令他的每一天都成為值得慶賀的日子。因為她的才德，新婚的喜樂可以延續終生。親愛的，這也是你與我的期望：成為丈夫天天可佩戴的榮耀及喜樂的華冠。

可是，如果……？

我再次聽到你心底想說的話，你在懷疑：「如果我的丈夫沒有按神的呼召，作為一位供應者、丈夫、父親、屬靈領袖呢？那跟我有甚麼關係呢？」以下是給你和我的座右銘：生命的遭遇不能否定神的標準。在神的才德軍隊中，有些婦女的婚姻並不愉快，讓我舉例說明。

哈拿：我們已經知道，哈拿的丈夫有兩個妻子。丈夫的另一個妻子日經日、年復年地為難她，故意觸怒她（撒上一章）；哈拿卻讓這些困難使她更靠緊神，結果，哈拿成為聖經中少數不發怨言的婦女之一。她的丈夫肯定不是一個好領袖，但她沒有讓生活的處境否定了神在她生命的標準，或妨礙神渴望她成為美麗的意願！

亞比該：你和我都看過亞比該悲慘的生活（撒上二十五章），終生守在一個愚蠢又酗酒的丈夫旁邊。亞比該卻不斷忍耐，並盡她所能成為一個最好的妻子、家庭經理以及僕人主管。僕人向來視她為才德的婦女，所以當僕人發現她的家庭陷入危機時，便第一時間向她報告。因她才德的性格，她真正改變了命運——她救回了丈夫、僕人、家庭和她自己的性命。

以斯帖：我還沒有在這本書提起以斯帖皇后。她跟一個不信神的君王結婚，這君王的脾氣一發不可收拾，他更可能

酗酒，是一位難以侍候的君王（參看以斯帖記）。但以斯帖（意思是「星辰」）卻發放她的光華，成了在神眼中看為美麗的另一模範。以斯帖記以十章篇幅描述她的謙卑、勇氣及智慧，她用上所有的才德培育及維繫她與丈夫的關係，並拯救了她的猶太同胞。

在這些例子的光照下，我促請你將自己的視線越過你現時的環境、遠遠越過你現時的困苦、以及你的丈夫。當你往外眺望，將神才德的萬花筒對準光源——神光明的希望及祂閃亮的話語，然後轉動萬花筒！看看在神的心目中為你所設定的美麗，並祂如何在你充滿挑戰的處境中給你的鍛煉。神的恩典是夠用的（林後十二 9）、祂是信實的（林前十 13）、祂對你的生命有美善的計劃（羅八 28）！祂其中的一個目標，就是要讓你在祂眼中看為更加美麗，更似祂的兒子耶穌（羅八 29）！

但在你的處境下，你可能又會想：「我的丈夫從不讚賞我，我已作了箴言三十一章內神的『清單』上的一切，不論我多麼努力嘗試，我卻從未聽過一句感激的話！」我想你已知道我的答案：就如你擔當母親的角色，你作為妻子要付出的努力及精神，不應由可預見的回報所推動。神已經決定了你的角色，聖經闡明了：作為妻子，你與我所作的「要從心裏作，*像是給主作的，不是給人作的*」（西三 23）。而那「不是給人作」的「人」也包括你的丈夫。神呼召你作妻子的，要付出所需的時間及努力而「不指望償還」（路六 35）。

你要愛、服事、工作、守望、早起、夜寢及終生作美善的事（以及……以及……以及！），因為這是那全然智慧及充滿慈愛的神要求你作的。你的工作是相信祂的道路是正確的，並跟從祂要你變為美麗的計劃，相信祂為你所選擇而賜下的福氣，即使那福氣並不包括你丈夫的讚美。不要讓任何人（包括你的丈夫）或任何事情（包括沒有讚美）破壞了神要你得著敬虔美麗的計劃！

最後，萬一你會問：「我若沒有丈夫又如何？」請不要忘記，這本書的重點是才德、敬虔品格、在你本身的個性上，而不在於你結婚沒有或有兒女沒有。神希望屬祂的婦女在祂眼中都能擁有具才德的美麗——那也包括你！

邀請成為美麗

我們在很多章之前已經開始攀登，而我們正步向高峯！但在我們邁出最後一兩步前，請你作一個禱告，並與我一同經過這評定美麗的清單。

作為婦女的你：有沒有為丈夫、家人及家庭付出你的心力和體力？同時，你最大的目標，是不是不但只作有價值的事，而是要成為一位有價值的婦女，且在性格上顯露出這價值？

作為持家之人的你：有沒有為家人提供所需的？你有沒有細心觀察家務？

作為母親的你：有否教養你的孩子要愛主及服事祂，好讓丈夫的心安穩，以及提高他在社區的聲譽？

作為妻子的你：你的行為有沒有為丈夫的名聲帶來榮耀？你有沒有透過小心管理家庭財務，為他的財務狀況作

出正面的貢獻？你的丈夫是否信任你及信任你的忠心？你的話語能否鼓勵他及建立他？請你撫心自問，你的丈夫有沒有視你為才德的婦人——一位在神眼中看為美麗的婦女？求神讓他視你為才德的婦女，而你也繼續追求卓越的高峯！

23
崇敬的精神

她的信心

「艷麗是虛假的，美容是虛浮的；
惟敬畏耶和華的婦女必得稱讚」
（箴三十一30）

我們成功了！我們從第一章開始攀爬，經過漫長的旅程，我們已經到達目標、來到才德的高峯！最後，在這本有關美麗的書中，我們終於到達了頂峯；這裏我們發現了真正含有「美麗」一詞的一節經文！

請等一等！這一節談及的美麗，有別於我們從開始所預期的美麗！我們到達了這敬虔美麗的高峯後，才發現那跟我們向來所認知的美麗*不同*！

箴言三十一章的信息在這裏顯得更為清晰，我們再次看見神的真理；在舊約裏這豐富又能改變生命的一章，是有關在*神*眼中何謂美麗——不是在人眼中、不是在世界的眼中、也不是在傳媒的眼中、藝術家的眼中，而是在*神*的眼中！正如我們在這有關美麗的讀本的開頭所承認的，神宣稱：「我的意念非同你們的意念；我的道路非同你們的道路⋯⋯我的道路高過你們的道路；我的意念高過你們的意念」（賽五十五 8～9）。而在這裏，我們就看見神對美麗的獨特見解：「艷麗是虛假的，美容是虛浮的；惟敬畏耶和華的婦女必得稱讚」（箴三十一 30）。

當睿智的母親用一首字母詩來教導她的孩子——利慕伊勒王子——有關真正女性美的一課時，我們在旁傾聽，獲益良多。到了這個階段，他已曉得，應該尋找哪一類女子作他的終生伴侶，而你與我也知道神對我們生命的要求。這位深深關注孩子未來的母親，她知道何為生命中最重要的事，在這裏她再次開腔説話。讓我們聽聽她對女性美——以及不美——的説話吧。

艷麗與美容的雙重虛空

箴言三十一章 30 節宣稱：「艷麗是虛假的」。我們的教師警告她的孩子説：「不要追求艷麗，不要為艷麗所迷倒！艷麗是虛假的、艷麗是善變的、艷麗會飛逝的；艷麗只是生命的幻象、生命的虛空！」艷麗確實是吸引迷人的，但它卻永不能產生快樂或成就生命的工作。在這關心孩子的母親心中，她可能在腦海出現以下的箴言，她反對「用詭詐〔艷麗與虛假〕之舌求財」（箴二十一 6）。

她補充説：「美容是虛浮的」（箴三十一 30）。我們的老師繼續敲響警號説：「不要被外表蒙騙，要緊記美容是外在膚淺的，美容是會逐漸飛逝及褪色的——它只不過是蒸氣」！雖然每人都欣賞美麗的外表，但肉體的美麗是過渡又短暫的，它能誤導人，甚至構成危險。而且，就如它的孿生姊妹艷麗一樣，美容不能確保生活快樂。單有美容，也不能有效地管理現實生命的各項細節。

對神的愛

在這本有關美麗的書裏，你與我已仔細看過箴言三十一章的婦女品格上的各項美德，以及她忙碌生活中的各項工作。我們看著她，就如看著一個時鐘：看她不停活動的雙手，尋找其中發出的信息。現在，我親愛的朋友，我們可以看見推動她那雙手的內心世界：她的愛從何而來？她無私、憐憫、無窮精力的源頭在哪兒？指引著她、給她方向及界定她目標的又是甚麼？是甚麼令這位奇女子變得堅固如磐石？她從哪兒得著動力，讓她終生付出如此崇高的努力？是甚麼令她在神眼中看為美麗？

答案就正正在箴言三十一章30節，這是我們明白屬神美麗的最後一步。要明白這位在神眼中看為美麗的婦人以及她所作的一切，關鍵在於*神自己*！箴言三十一章30節具體指出：「敬畏耶和華的婦女必得稱讚」。看見了嗎？神這位美麗的婦女，是一位愛祂及「敬畏祂」（箴三十一30）的婦女！因她對神認真，又認真服從神的話語，神便視她為美麗。

「敬畏」神的實際意義是甚麼？這是我經常聽到的問題。簡單來說，敬畏神的婦人，她在屬靈上對神的忠誠是全然的忠誠及奉獻。

你可如何孕育你對神的忠誠，並在祂眼中成為美麗？要在神眼中看為美麗，你需要注重內在的品格，而不是外表。你應關注的，不是你穿甚麼衣服、選擇甚麼髮型、駕駛甚麼車子或家居佈置如何；最重要的是：你住在主裏，活出祂在你身上模造的神聖品格。你要追求神的稱讚，不求人的稱讚；你要避開屬世短暫的虛榮，追求神那永恆的美麗。這些——不是美容或外表——才是敬畏神的婦女所關注的。敬畏神能潔淨你生命的每一角落，並在你生命中流露出你心中神的榮美。

對神全然委身會產生甚麼不同？簡單而言，這能改變我們所作的一切！就如太陽發放光芒，神的同在也能照亮你一切所作的，因你為工作奉獻自己，神就會為你觸及的一切都帶來光輝。就如水泉、泉水及瀑布需要水源供應一樣，你的喜樂、更新的力量和方向，也是從堅貞不移的忠誠發出來的。當你的心信靠神，你無私的行動及奉獻能為四周的人重新帶來力量。你對神那崇高的愛能給你的行為、性格及你對其他人的愛帶來動力；而你對神的信心，則為你的道德精神及生命的可用性締造生氣並增添美麗色彩。

如何成為美麗

神那讚美的華冠，是為那些相信祂、忠心行在祂道路上的婦女而設的。原來「敬畏耶和華是知識的開端」（箴一7）。我們一次又一次看到，神眼中看為美麗的婦女，是具有智慧且擁有屬靈的美麗的。好消息是，你和我都能認識她那種屬神的美麗。如何認識呢？

1. 基督，讓我愛祢更深：在新約年代，神眼中看為美麗的婦女能夠藉耶穌基督享有與神個人的關係。這是為甚麼我在這本書多次引用歌羅西書三章23節：「無論作甚麼，都要從心裏作，*像是給主作的*，不是給人作的」。當耶穌基督掌管你的心和生命，你所作的一切都是崇拜的行動。這種對基督的愛令你在神眼中看為真正的美麗！

你與我是透過神的兒子耶穌基督活出敬畏神的樣式。因此，神對你（以及對我）最大的挑戰便是「你認識耶穌基督為你的救主及主嗎？」你對祂的信心是你在神眼中變得美麗的關鍵所在。

2. 安排時間與神相處：一個人若不深切覺得有常常尋求主的需要，他就通常不會為此安排時間。我當然希望你到了這個階段會認識到，若要完成神呼召你所作的工，你就實在需要尋求神。

談到安排時間與主共處，我剛剛看到我本週的時間表。時間表上有很多令人興奮的約會，例如到牙醫處洗牙、有人送蒸餾水來等；你我在生命中都可以安排這類無關重要的約會，那麼，我們不應該安排時間與主共處嗎？

看看你自己的時間表，你安排何時與主相會？你可計劃給祂額外的時間嗎？透過閱讀聖經及安靜禱告，你可培育及加強你的信心。你在這本書看了很多有關時間管理、如何組織、製訂目標及編排時間表的技巧，現在便學以致用，安排所需的時間與神共處，讓祂豐富、改變及美化你的生命吧！

凡奉耶穌為主的人，都可以瞻仰神的榮美（詩二十七4），並以聖潔的裝飾敬拜祂（詩二十九2）。你若奉祂為主，祂的美麗便成為你的美麗，你的生命也會有敬畏主的婦女所有的特徵。

3. 接受神的計劃：箴言三十一章是一首對才德婦人的讚美詩，它顯明了神對我們生命的計劃。讓我們回顧一下：神呼召你成為一位才德的婦人、忠心的妻子（若你已婚）、一

個殷勤的母親、全然擺上的持家之人、以及一位因敬畏神而充滿信心的婦女。與其違抗神那完美的計劃，我邀請你接受它、榮耀它、在這計劃中喜樂、要表現突出並經歷這計劃的美麗。敬畏主的婦女，會認真看待神和祂的話語並祂的計劃。當你學效那位箴言三十一章的婦女，全心接受神對你生命的美麗計劃時，你便能如她一樣，以能力威儀為衣，無論前景如何。

4. 盡力而為：箴言三十一章婦女的體魄是強健的。我們不知道她的長相如何，但我們卻肯定她凡事都竭盡所能。我們也知道她穿上惹人注目的君王般的紫色衣物，但因著她那過人的才德，我們可以肯定她不會過於注重自己的外表，相反，她為丈夫的名聲帶來榮譽。她給我們一個很好的指引：注重自己的身體健康，並為家人帶來榮譽。

你怎麼知道你是否過於注重身體的美麗呢？我會以現代兩位屬神美麗婦女的分享，來回應這棘手難題。

作家區安妮，有以下的總結：「我發現〔箴言三十一章〕共有二十二節是描述這位婦女的仁慈、敬虔、勤奮及愛的關係，其中只有一處〔22節〕是用以描述她的外貌……看見箴言三十一章這個比例，我就禱告：『天父，我祈求以二十二分之一的時間美化及裝扮自己的外表；而我願意將其餘的所有時間——我生命的二十二分之二十一——用來培育智慧、仁慈、敬虔、勤奮及其他美德。』」[1]

另一位我認識的婦人，則祈求培育一顆敬畏神的心。她決定每天奉獻十分之一；那即是說，她每天用十分之一清醒的時間來祈禱及研經。

為自己找出一個方程式，以平衡這兩方面：在神面前培育祂所喜悅的內在美，與面對日常生活的挑戰。請緊記，你付出時間、精力、注意力來培育與主的關係，就等於關注你內在的、敬虔的及*真正的*美。

邀請成為美麗

若然你不知如何可與耶穌基督建立關係，我邀請你今天就建立這個關係，開始真正過著一個具內在及永恆美麗的生活！透過以下誠心的禱告，你現在便可踏上那通往敬虔之美的道路：

> 耶穌，我知道我是一個罪人，但我願為自己的罪悔改，並回轉歸向祢。我相信祢為我的罪而死並已復活、勝過死亡及罪惡的權勢。我希望祢成為我個人的救主，請祢進入我的生命。主耶穌，幫助我從今天開始遵行祢的旨意。

我現正為你禱告！真正的美麗——事實上，一切的美麗——都是由耶穌基督裏開始的！

24

終生的收穫

她的回報

「願她享受操作所得的；願她的工作在城門口榮耀她」（箴三十一31）

有一現代諺語能總括基督徒生活的旅程：「向上的道路是向下的」！當你看箴言三十一章這最後一節時，請緊記這句話。我認為這幾個字精闢地描述了那美麗的箴言三十一章的婦人的生命。在她而言，向上的道路確是向下的。

在過往的二十二節及本書的二十四章中，我們已看過在神眼中看為美麗婦人的生命和工作。她選擇藏於幕後，在不為人見之地結出果子。她願意退居家中，作一位敬畏神的婦女（箴三十一30），為神最高的榮耀付出最大的努力。她（與你一樣）也從事家庭以外的工作，但她願意為家中一切大小事務付出最大的努力。我們看見這位向來滿足於默默耕耘的婦女所要得到的回報，就是為這位選擇走向下道路的婦女而發出的，一片響亮而又一致的讚美歌聲。

她操作所得的

當年輕的利慕伊勒王子的母親完結她的課堂前，她注視著兒子的眼睛，說出最後一句的教訓：「願她享受操作所得的」(箴三十一 31)。如征服者接受追隨之人為他的功績和英勇所獻上的戰利品,我們也要給這位在神眼中看為美麗的婦女呈獻獎賞。以現代的字句演繹,31 節可以變為:「為她的成就給她光榮吧!把她所賺得的一切給她、把一切她辛勤工作所得的給她、把她操作所得的果子給她、把她終生努力付出愛的收穫給她!給她自己賺取的利潤、給她親手所作的貨物、她所建立的聲譽、她所維繫的婚姻、她所建立的家、她孕育的家庭生活、她為將來的努力!把這一切全然給她!」我親愛的美麗朋友,你與我也被邀請,要把獎賞給予這位在神眼中看為美麗的婦女,並發出一連串的讚美。

這是嚴肅的時間。不少婦女妒忌這位在神眼中看為美麗的婦女,她們輕視她、甚或鄙視她、揶揄她!我聽見她被稱為「牽牛花」,依附丈夫,「不過是個家庭主婦」,一個被困在牢籠裏的婦人、一個奴隸。不少也妄下判斷說:「看她的才幹在家中真是浪費!她的才幹在這個商業社會中會令她迅速冒升呢!可憐的東西!實在浪費!」

這類想法不可能從神(及祂美麗的婦女)所給我們的信息中引申出來!事實上,如一位學者的見解:「這一節為舊約中有關女性地位最明確的解釋作出了合宜不過的總結。讚美她,……這在家中作為妻子、母親及女主人的婦女,她的家庭圈子所獲得的滿足快樂,端在乎這位家庭皇后的遠見及洞見。」[1]

神不是呼召我們去可憐這位箴言三十一章婦人,而是呼召我們去讚美、欣賞和追隨她——事實上、是要變成她!作為敬畏神的婦女,*她*是配得稱讚的(箴三十一 29)!

在城門口的讚美

箴言三十一章31節說：「願她的工作在城門口榮耀她」。這一節跟箴言三十一章的前部分形成一個有趣的對比。還記得我們看見神美麗婦人的丈夫，他在城門口作為律師及領袖的顯赫地位（23節）嗎？現在，我們看見他的妻子在城門口亦擁有榮耀的地位，其他人在公眾地方談論她、他們讚賞她的工作——她的工作也在讚美她。在男人雲集、人民領袖進行嚴肅會議的地方，竟唱出了讚美的歌聲，給予她最高的榮譽，那是何等的美妙，何等振奮人心！

我們見過她無私的幕後工作、她那似乎不受注意的努力，在這裏我們知道，她的行為被公眾承認，得到他們的喝采，就如她的丈夫，她在區內亦擁有良好名聲和崇高地位。雖然她的活動很多都只限於家中，但她對社區所作的重要貢獻卻在城門口獲一致公認。如一位聖徒的讚歎：「婦女的工作大部分都是支援性質，但試想想：一幢建築物若沒有了支柱會怎樣？」[2]是的，箴言三十一章的婦女對她的丈夫、她的孩子、她的家居及她的社區所作的貢獻是不能少的，也是值得讚賞的！

年青的利慕伊勒的母親說：「願她的*工作*榮耀她」。就是所有人都靜默無聲、就是沒有任何讚美的說話，這位在神眼中看為美麗的婦女也會得到她配得的榮耀：因為她的工作是她名字的不朽記號；她親手的勞作、她辛勤的果子，都會發出讚美她的聲音。如這一首詩在較早前所宣稱的：「敬畏耶和華的婦女必得稱讚」（箴三十一30）！

邀請成為美麗

何等的喜樂！何等的榮耀！何等的收穫！所有的聲音都讚美這位在神眼中十分美麗的婦女！她孩子向她發出讚美的聲音（28節）、她丈夫也發出讚美的說話（28、29、31節——他也是城門口的一把聲音！）、神也讚賞她（30節——敬畏主的結果是得到祂的讚賞！[3]）、其他人也在讚美她（31節——所有在城門口的人）、甚至她的工作都讚賞她（31節）。我，依利莎伯·喬治，也讚賞這箴言三十一章的朋友。在過去的二十四章我一直這樣讚美她！惟一沒有發出讚美聲音的是她自己，她很有智慧地活出了另一句箴言：「要別人誇獎你，不可用口自誇」（箴二十七2）。

但我很想聽到另一把讚美神美麗婦女的聲音，那就是你的聲音！我對你及對你的讚美深感興趣，因為箴言三十一章的婦女的美麗，並不為我們現代文化所欣賞及接受。我們的敵人撒但及這墮落的世界均視她的美麗為不可取、不重要及沒有用處的。他們確是大錯特錯了！我親愛的朋友及神的追隨者，箴言三十一章的婦女是真正美麗的：她活出了神眼中的一切美麗。

所以我呼籲你也要讚美她！你的讚美表明了你清楚明白在神眼中的一切美麗所發出的榮耀；而你可給予的最甜蜜的讚美，就是跟隨她的腳蹤。我的心會因為你這長途的伙伴，在成為神眼中看為美麗的路途上有美好的進展而高興！

何不垂下頭，並用你的聲音，為神這美麗的婦女讚美祂？她確是神賜給你的一份美麗的禮物。在你失腳時、在你異象暗淡無光時、或當你自己的優先次序有所動搖時，她會在箴言三十一章這裏激勵你、教導你及指引你。重溫這位在神眼中看為美麗的婦女，會更新你的異象、恢復你的力量、重新燃點你對神的愛、以及重新肯定你對神這計劃的信賴：祂要使你和你的生命在祂眼中變得美麗！

閱讀指引

1. 珍貴罕有的寶藏——她的品格

- 閱讀箴言三十一章 10 至 31 節，神對祂眼中看為美麗婦女的描述。請記下她的品格特徵。為甚麼這描述會在聖經出現？

- 「才德」(有價值、表現卓越、崇高、有能力) 在聖經中用以描述婦女只有四次。請讀路得記三章 11 節，箴言十二章 4 節、三十一章 10 節及 29 節，試解釋為何以上的婦女都配得這讚美。

- 請思想你自己的生命。你在甚麼時候需要心力來忍耐？體力來忍耐？有甚麼方法可以加強你自己的心力及體力？你今天可作甚麼？現在便為此祈禱——邁出第一步！

2. 閃爍的珠寶——她的價值

- 想想你擁有或你所知道的寶石或特別的珠寶，為甚麼它令你印象難忘？是甚麼令它有價值？

- 視你自己為神珍貴的珠寶。你認為持家、時間管理、金錢管理這些技巧，如何增加你在家庭、教會及工作上的價值？

- 記下箴言三十一章10至31節中一切有關持家之道、時間管理及金錢管理的技巧。

- 為何穩定的情緒可增加你對丈夫、孩子、父母、朋友及同事的價值？翻看箴言十四章30節，十九章2節下、11節及二十五章28節，列出每段所教導的品格特質。有甚麼方法令這些特質成為你每日生活的一部分？請具體說明。

3. 堅固的磐石——她的忠貞

- 值得信靠是箴言三十一章10至31節第一項提及的品格特徵。思想你自己在以下範疇的可信性。你在哪些地方是可靠的？哪些地方需要改善？還有哪些方面你需要繼續努力？

－金錢	－情緒
－孩子	－開心
－家庭	－智慧
－聲譽	－行為
－忠貞	－愛

- 閱讀創世記三章1至6節有關夏娃在信任及忠貞方面失敗的故事。她如何絆倒丈夫？（參創二17）她又如何令神失望？

- 看哥林多後書十一章3節及提摩太前書二章14節有關神對夏娃墮落的進一步評論。

- 你對信任的重要性有甚麼總結？

- 把你求神使你變得更值得信靠的禱告寫下來。

4. 真正的收穫——她的貢獻

- 當你思想你可為財務——不論是個人或家庭的——所作的重要貢獻時，看看以下經文所提供的指引：

  －箴言十章2節
  －箴言十章4節
  －箴言十三章11節
  －箴言十四章23節
  －箴言二十一章6節
  －箴言二十一章17節
  －箴言二十七章23至24節
  －箴言二十八章19節

- 用數分鐘時間，帶著禱告的心細心閱讀箴言三十一章10至31節。記下財務管家的才德，在每一節是如何表達出來的。

- 根據箴言二十二章4節，你的心應該追求哪種富裕？

5. 美善的泉源——她的使命

- 作為基督徒，我們被呼召要跟隨主耶穌的腳蹤及向人行善（箴三27；加六10）。歌羅西書三章23節為行善這具挑戰性的誡命帶來甚麼亮光？這真理如何助你在惡劣關係中仍要行善？

- 箴言三十一章的婦人用多久來實踐箴言三十一章12節的真理？這觀念可為你的婚姻帶來甚麼轉變？你今天如何開始「終生」行善？請具體說明。

- 看看在聖經中不能成為丈夫美善泉源的婦女，從夏娃開始。這些婦女給你甚麼警告？

- 用你自己的說話，寫出美善的清單；更好的是，寫出你自己的美善清單——然後開始活出來！

6. 喜樂的泉源——她的心

- 箴言三十一章13節強調了哪種工作態度？請看傳道書九章10節。為何你覺得你的態度是重要的？對你的家庭及工作重要嗎？對你作為家庭主婦重要嗎？對家庭的氣氛重要嗎？神在箴言十五章15節及十八章14節給你甚麼信息？

- 具體地計劃如何在你每天的生活中實踐以下的「如何成為美麗」：

  天天禱告
  背誦那些可鼓勵你喜樂工作的經文
  為神工作
  滿有能量、創意及喜樂地處理你的事務
  在你所作的及經歷的事情中尋找益處
  暫停及休息
  留心你所吃的
  珍惜每一天

7. 企業精神——她的供應

- 閱讀箴言九章1至6節。當你以你的手及面部貼著神話語的窗戶時，描述那智慧婦人家中的情景——她的食物、桌子、家庭、工作、目標及成果。她的持家之道有甚麼主要特徵？

- 現在看箴言九章13至18節。透過窗戶，你可看到這婦人家中的哪些東西——她的食物、桌子、家庭、工作、目標及成果？為何她所持的家與箴言九章1至6節的有這麼大的分別？

- 描述其他人（特別是你的家庭成員）透過你家的窗戶看見甚麼。你的愛如何在一些基本需要，如你所預備的食物上顯示出來？在你鋪設桌子的方法顯示出來？從你佈置家居的風格顯示出來？透過你在裝飾家居上所加添的個人美麗觸覺顯示出來？

- 列王紀上十章1至10節描述的供應，有甚麼令你印象難忘？

• 你為家人提供日常需要時可如何——有創意美麗觸覺——表達你的愛？請具體說明，並從你今天列出的行動中踏出第一步。

8. 家庭的模式——她的自律

箴言三十一章15節列出了三個確保家庭井然有序的紀律：

• 早起：看創世記十九章27節，馬可福章一章35節，箴言二十章13節及十六章3節。列出早起的好處。對你而言，哪個是理想又合理的早起時間？你會以甚麼步驟來發展這困難卻又無價的紀律？把你的計劃寫下來。

• 預備膳食：列出一些預備食物的好處。箴言十五章17節及十七章1節對用膳時間提出了甚麼警告？若你未能及時預備，計劃一星期的食譜，確保要有足夠的材料，然後將食物「分給你的家人」，他們會起來稱你為有福（箴三十一28）！

• 每天計劃：列出預先計劃日子的好處。然後計劃你今天餘下的時間。明天早上（希望你能早起）計劃下星期的日子。不要忘記將你部分的工作分給你的孩子！

• 在箴言二十一章5節，神對計劃的紀律有甚麼話說？

9. 夢想的田地——她的異象

• 細看以下三個能令你夢想成真的步驟：

第一步：考慮

－箴言十九章14節提供了甚麼指引？

－根據箴言十五章22節及十二章15節，我們對勸教應持有甚麼態度？

－列舉在你生命中你可——及會——向他尋找勸教的人。

－根據箴言十九章21節，你應為甚麼祈禱？

－等候在決策上擔當了甚麼角色？翻看箴言二十一章5節及十九章2節。

第二步：獲取

－在箴言十四章1節及三十一章27節中，你找到哪些有關財產管理的信息？

第三步：改造

－速讀約書亞記十五章13至19節有關迦勒女兒押撒的故事。她做了甚麼來更新她田產的用途？為何她可以作成這件事？你認為她為何作出這要求？

• 以一至兩個簡短句子把你的夢想寫下來，然後為這些夢想祈禱。求神給你啟示，讓你知道祂想你追求的夢想。

10. 殷切的態度——她的工作

- 寫出「才德」對工作的定義。（翻看本書第一章）

- 箴言十四章23節上及23節下為你的工作帶來甚麼信息？

- 為何箴言十四章1節能推動你更勤奮的工作？

- 箴言十九章15節及24節教導我們在工作上應有甚麼紀律？

- 詩篇一一八篇24節的真理，如何助你發展工作的良好態度？

- 與一些你所認識而又善於時間管理的人傾談，從而得著祕訣。又在這個星期裏，借閱、購買，或到圖書館借一本有關時間管理的書籍。

11. 得嘗成功——她的自信

• 閱讀箴言三十一章18節及詩篇三十四篇8節。在你所做的事中，哪些是別人稱為「美善」的？

• 閱讀提多書二章4節，然後列出那些對一位已婚婦人最重要的關係。在你發展其他具創意的計劃前，你可以怎樣照顧這些人？

• 在腓立比書三章13至14節及傳道書九章10節中，哪些是信心背後的理由？

• 根據箴言十六章3節，寫出一個禱告。

• 用一點時間為你的家人禱告。求神給你新的亮光去愛及服事你的家人，也求祂給你活力和具創意的願望及力量。

12. 少量的夜間工作——她的勤奮

• 閱讀箴言三十一章18及19節。神美麗的婦人在黃昏時候做甚麼？在黃昏時你又經常做甚麼？

- 以你從箴言三十一章10至31節得到有關勤勉的亮光來評估自己的黃昏時間。

- 計劃你的黃昏時間。設定一些你可在晚間進行的活動或計劃。在箴言十章4節，你找到哪些推動黃昏計劃的動力？

- 預備你的黃昏時間。你會在黃昏進行甚麼計劃？你會為這些計劃作哪些準備工夫？

- 善用你的黃昏時間。重讀箴言十四章23節。這些智慧的話語如何鼓勵你實踐你的計劃，並推動你不斷向前？

- 在黃昏時間思考，評估自己如何使用自由時間（駕車的時間、洗澡的時間、排隊的時間等）。在黃昏時間思考，有何重要？翻看箴言二十三章7節及腓立比書四章8節。

- 在這個星期，盡力地及有建設性地善用你黃昏的時間。當你看見你及你的家人因此得著的益處時，繼續這行動——並延續至終生。

13. 施以援手——她的憐憫

- 重讀箴言三十一章20節。神美麗的婦女參與甚麼活動？

- 閱讀箴言三章27節，然後列出你可作的一切善行——一些在你能力範圍內可作的，以及一些你可以選擇不作的善行。

- 翻看以下有關憐憫心腸的經文：
  - 申命記十五章7至8節
  - 彌迦書六章8節
  - 箴言十一章25節
  - 箴言十九章17節
  - 箴言二十二章9節

  你對施予的精神有甚麼總結？

- 選擇以下其中一位婦人，並扼要地描述她憐憫的行動。
  - 亞比該（撒上二十五章）
  - 撒勒法的寡婦（王上十七章）
  - 書念婦人（王下四章）
  - 多加（徒九章）

- 評估你自己在活出愛這方面的表現。然後花點時間祈禱，求神增加你的愛，並向你顯示更多活出愛的途徑。

14. 雙重祝福——她的準備

- 重讀箴言三十一章21節。這節提及箴言三十一章的婦人及她的家的哪些方面？

- 翻看示巴女王的故事（王上十1～8）。所羅門王的家有甚麼令她深感興趣？又有甚麼令你感興趣？

- 閱讀箴言二十一章5節。有甚麼證據證明所羅門王以智慧生活？

- 神在出埃及記三十五章25、26和29節啟示有關興建會幕的守則。這些經文如何表明神重視創作的美麗？

- 要將事前準備和對美麗的注意力跟你持家的努力結合，你需特別作甚麼呢？

15. 美麗的繡帷——她的手工製品

- 閱讀箴言三十一章 22 節。神美麗的婦女在家中還做了甚麼其他事情？我們在這裏看到哪些準備工夫及美麗的觸覺？

- 翻看出埃及記三十五章 25 至 29 節。哪些細節美化了其中的情景？然後描述箴言七章 16 節提及的那張牀。

- 有時我們的經濟狀況並不容許我們即時改善或裝修家居。箴言十九章 2 節下對等候有甚麼鼓勵？

- 以下的經文表達了哪些有關屬神美麗的標準？
  －提摩太前書二章 9、10 節
  －提多書二章 5 節
  －彼得前書三章 3、4 節

- 根據詩篇十九篇 1 節，我們可看見哪些神的手工藝品的明證？垂下你的頭，感謝神你是按祂的形象被造的（創一 27），也有限地擁有祂的創意。

16. 具影響力的男人——她的丈夫

• 先讀箴言三十一章 23 節，然後再讀以下的經文；以神所設計的婚姻提醒自己。閱讀時請做個人筆記。

－創世記二章 18 節

－創世記三章 16 節

－以弗所書五章 22 至 24 、 33 節

－歌羅西書三章 18 節

－提多書二章 3 至 5 節

－彼得前書三章 1 至 6 節

• 以下的經文如何勸勉你要改進對丈夫（或其他人）的服事？

－箴言三章 27 節

－箴言十二章 25 節

• 在以下各方面，你可以怎樣進一步服事及支援你的丈夫？

－箴言三十一章 12 節－行善

－箴言三十一章 15 節－預備膳食

－箴言三十一章 15 節－有效地管理家居

－箴言三十一章 21 節－供應衣物

－箴言三十一章 26 節－有智慧的勸告及仁慈的說話

－箴言三十一章 27 節－細心留意家人及家居

• 今天集中向你丈夫說出讚美及鼓勵的說話。這是要將之成為習慣的第一個重要步驟！

17. 具創意的專家——她的企業

- 重讀箴言三十一章24節。神美麗的婦女在做甚麼？

- 速讀箴言三十一章10至31節，注意提及（或間接提及）紡織的次數。

- 檢視自己的生命。你喜愛做甚麼？你有哪些具潛質的「個人專長」可成為「個人專業」？

- 以下的四項創作元素可如何助你發展你的技能？

  －觸覺　　　　－主動
  －計劃　　　　－勤奮

- 在這一週裏，你可採取哪三個步驟來發展你的「個人專長」？

18. 才德的衣櫥——她的衣服

- 閱讀箴言三十一章25節，你認為這節經文最為人觸目的是甚麼？

- 翻查「能力」及「威儀」的解釋，然後以你自己的文字寫出它們的定義。

- 神美麗的婦女為甚麼想到將來便喜笑？甚麼令這喜笑成為事實？

- 定立一個長遠的計劃來強化你以下各方面的表現：
  - 你的屬靈生命
  - 你的家庭生活
  - 你的財務
  - 你的身體健康
  - 你的精神生活
  - 你的社交生活
  - 你的專業

- 你今天可以做甚麼來改善以上各方面？要實踐！

19. 仁慈的法則——她的話語

- 注意在箴言三十一章26節中兩項有關美麗言語的元素。

- 閱讀雅各書三章1至12節，試描述言語可造成的傷害。

- 選擇哈拿或亞比該為一典範，解釋她對善用「甜言蜜語」的教導。

  －哈拿（撒上一1～7）

  －亞比該（撒上二十五章）

- 聖經中還有甚麼婦女跟從神說智慧及仁慈的說話？若可以，列舉一至兩個例子。

- 檢視自己的說話素質。你在以下哪方面的表現良好？哪方面需要改善？

  －智慧及仁慈的說話　　－甜言蜜語

  －三思而後說　　－有說服力的說話

  －說話前要等候　　－不輕率開腔說話

- 你的說話方式是一個習慣，而習慣是可以改的。你今天可作甚麼來改善自己較弱的地方？不要忘記求神給你神聖的幫助！

20. 留心觀察——她的管理

- 背誦箴言三十一章27節，然後默寫出來。

- 在家居的哪方面，以及最重要的，哪位家庭成員需要你愛心的看顧？

- 你的家庭如何因你勤勉的看守而得著益處？你的監管可預防甚麼問題？（回顧你最近的工作可助你回答第二部分）。

- 以下的箴言對閒懶及其結果有甚麼教導？
  - －箴言六章9至11節　　－箴言十九章15節
  - －箴言十章4至5節　　－箴言二十章4節
  - －箴言十二章24節　　－箴言二十六章14節

- 箴言三十一章27節是由正面及負面兩部分組成的。計劃一些你會實踐的具體行動，加強正面的部分（看顧你的家居），並除去那些負面的部分（閒懶）。將你的計劃交託神，讓祂成就（箴十六3）。

21. 福杯——她的家庭

- 重讀箴言三十一章28節。這節描畫了甚麼情景？有甚麼人物？

• 以下的經文給作母親的甚麼指引？

－提多書二章4節

－箴言一章8節

－箴言二十二章6節

－箴言二十九章17節

－箴言三十一章27節

• 描述那位以箴言三十一章的智慧教導她兒子的母親。

• 描述箴言三十一章中那位母親的活動。

• 若你是一位母親，你今天會做甚麼來照顧你的孩子？明天又會做甚麼？

• 以由心發出的愛來愛你的孩子，並要甘心樂意（箴三十一13）！

22. 至高無上的讚美——她的讚美

• 重讀箴言三十一章28、29節。

- 神美麗婦人的丈夫說：「才德的女子很多」。列出一些在聖經中表現突出的婦女。她們做了甚麼？你可以甚麼具體行動來跟隨她們的腳蹤？

- 再次速讀箴言三十一章10至31節。注意每一節所彰顯的才德，以及箴言三十一章婦人的丈夫如何從她每項才德中得著益處。

- 求神讓你更具才德
  - 作為婦女
  - 作為母親
  - 作為持家之人
  - 作為妻子

23. 崇敬的精神——她的信心

- 重讀箴言三十一章30節。寫下其中發出的警告及勸誡。

- 翻查「艷麗」及「美容」的解釋，以你自己的文字寫出它們的定義。

- 以下的箴言描述艷麗如何被誤用了？
  －箴言二十一章6節
  －箴言五章3節
  －箴言七章21節

- 你如何向別人解釋「敬畏耶和華」？

- 以下的箴言對「敬畏耶和華」帶來甚麼亮光？
  －箴言一章7節
  －箴言八章13節
  －箴言九章10節
  －箴言十五章33節
  －箴言二十二章4節
  －箴言三十一章30節

- 為何與神相處的時間令你更美麗？你如何用更多時間來與神相處，並瞻仰祂的榮美（詩二十七4）？

- 閱讀這章的「邀請成為美麗」的禱文。你能滿有信心地說主耶穌是你的個人救主嗎？

24. 終生的收穫——她的回報

- 閱讀神最後在箴言三十一章31節有關美麗的說話，並留意那兩項命令。

- 思想神美麗婦人所成就的一切。每項成就有甚麼令你印象難忘？

- 有關辛勤工作的美麗及價值，以下的箴言為你的心和你的手帶來甚麼信息？
  －箴言十四章23節
  －箴言二十七章18節
  －箴言二十八章19節
  －箴言三十一章13節
  －箴言三十一章31節

- 透過研讀這位在神眼中看為美麗的婦女，你看見神對你的生命有甚麼旨意？用數分鐘時間，把你的想法及過犯寫下來，然後向神及祂所顯示的道路，發出由衷的讚美及立志的禱告。

註釋

1. 珍貴罕有的寶藏——她的品格

1. C. F. Keil and F. Delitzsch, *Commentary on the Old Testament, Vol. 6* (Grand Rapids, MI: William B. Eerdmans Publishing Company, 1975), p.327.

2. James Strong, *Exhaustive Concordance of the Bible* (Nashville: Abingdon Press, 1973), p.39.

3. Edith Schaeffer, *Common Sense Christian Living* (Nashville: Thomas Nelson Publishers, 1983), p.108.

2. 閃爍的珠寶——她的價值

1. Curtis Vaughan, ed., *The Old Testament Books of Poetry from 26 Translations* – The American Standard Version (Grand Rapids, MI: Zondervan Bible Publishers, 1973), p. 629.

2. *The Encyclopedia Americana, Vol.23* (New York: Americana Corporation, 1958), p. 750.

3. Curtis Vaughan, ed., *The Old Testament Books of Poetry from 26 Translations* – New American Bible, p.630.

4. *The Encyclopedia Americana, Vol. 21,* pp.454~456.

5. Curtis Vaughan, ed., *The Old Testament Books of Poetry from 26 Translations* – Rotherham, p.629.

6. *The Encyclopedia Americana, Vol. 7,* pp.676~677.

7. *Our Daily Bread,* Radio Bible Class Ministries, Grand Rapids, MI, May 1982.

3. 堅固的磐石——她的忠貞

1. Cheryl Julia Dunn, "A Study of Proverbs 31:10~31", Master thesis (Biola University, 1993), p.27.

2. Cheryl Julia Dunn, "A Study of Proverbs 31:10~31", p.27.

3. Cheryl Julia Dunn, "A Study of Proverbs 31:10~31", pp.25~26.

4. Curtis Vaughan, ed., *The Old Testament Books of Poetry from 26 Translations* – The Bible in Basic English (Grand Rapids, MI: Zondervan Bible Publishers, 1973), pp. 629~630.

4. 真正的收穫——她的貢獻

1. Deborah Adamson, "Building Your Nest Egg", *Los Angeles Daily News,* April 20, 1997.

2. Cheryl Julia Dunn,"A Study of Proverbs 31:10~31", Master thesis (Biola University, 1993), p.25.

3. Barbara Gilder Quint, *Family Circle,* May 29, 1984. (*Reader's Digest* 曾刊登其撮寫版。)

5. 美善的泉源——她的使命

1. Merrill F. Unger, *Unger's Bible Dictionary* (Chicago: Moody Press, 1972), p.313.

2. Cheryl Julia Dunn, "A Study of Proverbs 31:10~31", Master thesis (Biola University, 1993), p.31.

3. Robert L. Alden, *Proverbs, A Commentary on an Ancient Book of Timeless Advice* (Grand Rapids, MI: Baker Book House, 1990), p.220.

4. Charles E. Cowman, *Streams in the Desert, Vol. 1 and 2* (Grand Rapids, MI: Zondervan Publishing House, original publishing date 1925, reprinted 1965 and 1966 respectively).

5. Ray Beeson and Ranelda Mack Hunsicker, *The Hidden Price of Greatness* (Wheaton, IL: Tyndale House Publishers, Inc., 1991), pp.97~107.

6. Anne Ortlund, *Building a Great Marriage* (Old Tappan, NJ: Fleming H. Revell Company, 1984), 頁數不詳。(禱告由 Temple Gairdner 撰寫，他是十九世紀蘇格蘭裔宣教士和學者。)

6. 喜樂的泉源——她的心

1. James M. Freeman, *Manners and Customs of the Bible* (Plainfield, NJ: Logos International, 1972), p.198.

2. W. O. E. Oesterley, *The Book of Proverbs* (London: Methuen and Company Ltd, 1929), p.284.

3. C. F. Keil and F. Delitzsch, *Commentary on the Old Testament, Vol.6* (Grand Rapids, MI: William B. Eerdmans Publishing Company, 1975), p.329.

4 Fred H. Wight, *Manners and Customs of Bible Lands* (Chicago: Moody Press, 1978), p.83.

5. G. M. Mackie, *Bible Manners and Customs* (Old Tappan, NJ: Fleming H. Revell Company, no date given), p.59.

6. Cheryl Julia Dunn, "A Study of Proverbs 31:10~31", Master thesis (Biola University, 1993), p.38.

7. G. M. Mackie, *Bible Manners and Customs,* p.667.

8. 同上。

9. Thomas Kinkade, *Simpler Times* (Eugene, OR: Harvest House Publishers, 1996), p.69.

10. Edith Schaeffer, *Common Sense Christian Living* (Nashville: Thomas Nelson Publishers, 1983), pp.88~89.

7. 企業精神——她的供應

1. Gene Getz, *The Measure of a Woman* (Glendale, CA: Regal Books, 1977), p.125.

2. Elizabeth George, *Loving God with All Your Mind* (Eugene, OR: Harvest House Publishers, 1994).

8. 家庭的模式——她的自律

1. James M. Freeman, *Manners and Customs of the Bible* (Plainfield, NJ: Logos International, 1972), p.50.

2. G. M. Mackie, *Bible Manners and Customs* (Old Tappan, NJ: Fleming H. Revell Company, no date given), p.99.

3. Cheryl Julia Dunn, "A Study of Proverbs 31:10~31", Master thesis (Biola University, 1993), pp.52~53.

4. Cheryl Julia Dunn, "A Study of Proverbs 31:10~31", pp.51~53.

5. Cheryl Julia Dunn, "A Study of Proverbs 31:10~31", p.51.

6. 同上。

7. Cheryl Julia Dunn, "A Study of Proverbs 31:10~31", pp. 51~52.

8. Lucinda Secrest McDowell, "This I Carry with Me Always", *Christian Parenting Today,* May/June, 1993, pp.22~23.

9. Alan Lakein, *How to Get Control of Your Time and Your Life* (New York: Signet Books, 1974), p.46.

10. Edwin C. Bliss, *Getting Things Done* (New York: Charles Scribner's Sons, 1976), pp. 148~149.

9. 夢想的田地——她的異象

1. *Webster's New Collegiate Dictionary* (Springfield, MA: G & C. Merriam Co., Publishers, 1961), p.954.

2. Robert L. Alden, *Proverbs, A Commentary on an Ancient Book of Timeless Advice* (Grand Rapids, MI: Baker Book House, 1990), p.220.

3. C. F. Keil and F. Delitzsch, *Commentary on the Old Testament, Vol.6* (Grand Rapids, MI: William B. Eerdmans Publishing Company, 1975), p.330.

4. Crawford H. Toy, *A Critical and Exegetical Commentary on the Book of Proverbs* (Edinburgh: T. & T. Clark, 1899), p.544.

5. Cheryl Julia Dunn, "A Study of Proverbs 31:10~31", Master thesis (Biola University, 1993), pp.58~59.

6. Kenneth Taylor, *The Living Bible: Paraphrased* (Wheaton, IL: Tyndale House Publishers, 1971).

7. Edith Schaeffer, *Hidden Art* (Wheaton, IL: Tyndale House Publishers, 1971).

10. 殷切的態度——她的工作

1. Crawford H. Toy, *A Critical and Exegetical Commentary on the Book of Proverbs* (Edinburgh: T. & T. Clark, 1899), p.544.

2. William McKane, *Proverbs, A New Approach* (Philadelphia: The Westminster Press, 1970), p.668.

3. Cheryl Julia Dunn, "A Study of Proverbs 31:10~31", Master thesis (Biola University, 1993), p.64.

4. 同上。

5. Cheryl Julia Dunn, "A Study of Proverbs 31:10~31", pp.63~65.

6. Curtis Vaughan, ed., *The Old Testament Books of Poetry from 26 Translations* – Knox (Grand Rapids, MI: Zondervan Bible Publishers, 1973), p.630.

7. Sir Alexander Paterson, *United Evangelical Action,* Fall, 1975, p.27.

8. Mac-Sim-Ology, "You".

11. 得嘗成功——她的自信

1. William McKane, *Proverbs, A New Approach* (Philadelphia: The Westminster Press, 1970), p.668.

2. Ted W. Engstrom, *The Pursuit of Excellence* (Grand Rapids, MI: Zondervan Publishing House, 1982), p.36.

12. 少量的夜間工作——她的勤奮

1. C. F. Keil and F. Delitzsch, *Commentary on the Old Testament, Vol.6* (Grand Rapids, MI: William B. Eerdmans Publishing Company , 1975), p.332.

2. Sybil Stanton, *The 25 Hour Woman* (Old Tappan, NJ: Fleming H. Revell Company, 1986), p.169.

3. Anne Ortlund, *The Disciplines of the Beautiful Woman* (Waco, TX: Word, Incorporated, 1977), pp.66~67.

4. Ted W. Engstrom, *The Pursuit of Excellence* (Grand Rapids, MI: Zondervan Publishing House, 1982), p.33.

5. Ruth Wagner Miller, "The Time Minder" (*Christian Herald,* 1980), pp.76~77.

6. Douglas Malloch, "A Woman's Love".

13. 施以援手——她的憐憫

1. Cheryl Julia Dunn, "A Study of Proverbs 31:10~31", Master thesis (Biola University, 1993), p.36.

2. Barbara Keener Shenk, *The God of Sarah, Rebekah and Rachel* (Scottdale, PA: Herald Press, 1985), p. 127.

3. Cheryl Julia Dunn, "A Study of Proverbs 31:10~31", p.85.
4. David Thomas, *Book of Proverbs Expository and Homiletical Commentary* (Grand Rapids, MI: Kregel Publications, 1982), p.793.
5. 同上。
6. Edith Schaeffer, *Hidden Art* (Wheaton, IL: Tyndale House Publishers,1971), pp. 128~132.
7. Stanley High, *Billy Graham* (New York: McGraw Hill, 1956), p.127.

14. 雙重祝福——她的準備

1. C. F. Keil and F. Delitzsch, *Commentary on the Old Testament, Vol.6* (Grand Rapids, MI: William B. Eerdmans Publishing Company, 1975), p.334.
2. William McKane, *Proverbs, A New Approach* (Philadelphia: The Westminster Press, 1970), p.669.
3. C. F. Keil and F. Delitzsch, *Commentary on the Old Testament, Vol.6,* p.335.
4. Crawford H. Toy, *The Book of Proverbs* (Edinburgh: T. & T. Clark, 1899), p.545.
5. W. O. E. Oesterley, *The Book of Proverbs* (London: Methuen & Co., Ltd., 1929), p.285.

15. 美麗的繡帷——她的手工製品

1. Curtis Vaughan, ed., *The Old Testament Books of Poetry from 26 Translations* (Grand Rapids, MI: Zondervan Bible Publishers, 1973), p.631.
2. Curtis Vaughan, ed., *The Old Testament Books of Poetry from 26 Translations* – The Jerusalem Bible, p.631.
3. Cheryl Julia Dunn, "A Study of Proverbs 31:10~31", Master thesis (Biola University, 1993), p.101.
4. Cheryl Julia Dunn, "A Study of Proverbs 31:10~31", p.102.
5. Robert L. Alden, *Proverbs, A Commentary on an Ancient Book of Timeless Advice* (Grand Rapids, MI: Baker Book House, 1990), p.221.
6. Linda Dillow, *Creative Counterpart* (Nashville: Thomas Nelson Inc., Publishers, 1977), p.23.
7. Denis Waitley, *Seeds of Greatness* (Old Tappan, NJ: Fleming H. Revell Company, 1983), p.77.

16. 具影響力的男人——她的丈夫

1. John MacArthur, "God's High Calling for Women", Part 4 (Panorama City, CA: Word of Grace, 1986).
2. George Lawson, *Proverbs* (Grand Rapids, MI: Kregel Publications, 1980), p.883.
3. Donald Hunt, *Pondering the Proverbs* (Joplin, MO: College Press, 1974), p.432.
4. William J. Peterson, *Martin Luther Had a Wife* (Wheaton, IL: Tyndale House Publishers, Inc., 1983), p.34.
5. *The Amplified Bible* (Grand Rapids, MI: Zondervan Publishing House, 1970), p.302.
6. Verna Birkey, *Seminar Workshops for Women* (P.O. Box 3039, Kent WA 98031), 1979, p.131.

17. 具創意的專家——她的企業

1. "Martha Stewart, Inc.", *Los Angeles Times Magazine,* August 2, 1992.
2. "Lucrative Marriage of Class, Mass", *Los Angeles Times,* April 15, 1997.
3. "Martha Stewart, Inc."
4. Cheryl Julia Dunn, "A Study of Proverbs 31:10~31", Master thesis (Biola University, 1993), p.125.
5. Elizabeth George, *Loving God with All Your Mind, God's Garden of Grace, A Woman After God's Own Heart* (Eugene, OR: Harvest House Publishers, 1994, 1996, 1997 respectively).
6. Edward H. Griggs.

18. 才德的衣櫥——她的衣服

1. Cheryl Julia Dunn, "A Study of Proverbs 31:10~31", Master thesis (Biola University, 1993), p.126.
2. Charles Caldwell Ryrie, *The Ryrie Study Bible* (Chicago: Moody Press, 1978), p.984.
3. Ray and Anne Ortlund, *The Best Half of Life* (Glendale, CA: Regal Books, 1976), p.88.
4. Stephen B. Douglass, *Managing Yourself* (San Bernardino, CA: Here's Life Publishers, Inc., 1978).

5. 由William M. Runyan 撰寫，關於信心的經典詩歌, "Great Is Thy Faithfulness" (1923)。

6. Elizabeth George, *Loving God with All Your Mind* (Eugene, OR: Harvest House Publishers, 1994).

7. Abigail Van Buren, "Dear Abby", *Los Angeles Times,* January 1, 1995.

19. 仁慈的法則——她的話語

1. Charles Caldwell Ryrie, *The Ryrie Study Bible* (Chicago: Moody Press, 1978). p.938.

2. Cheryl Julia Dunn, "A Study of Proverbs 31:10~31", Master thesis (Biola University, 1993), p.139.

3. H. D. M. Spence and Joseph S. Exell, eds., *The Pulpit Commentary, Vol.9* (Grand Rapids, MI: William B. Eerdmans Publishing Company, 1978), p.601.

4. Cheryl Julia Dunn, "A Study of Proverbs 31:10~31", p.139.

5. *Life Application Bible* (Wheaton, IL: Tyndale House Publishers, 1988), p.449.

6. Elizabeth George, *A Woman After God's Own Heart* (Eugene, OR: Harvest House Publishers, 1997), pp.38~39.

7. William MacDonald, *Enjoying the Proverbs* (Kansas City, KS: Walterick Publishers, 1982), p.86.

8. William MacDonald, *Enjoying the Proverbs,* p.99.

20. 留心觀察——她的管理

1. Merrill C. Tenney, ed., *The Zondervan Pictorial Encyclopedia of the Bible, Vol.5* (Grand Rapids, MI: Zondervan Publishing House, 1975), pp.901~902.

2. Cheryl Julia Dunn, "A Study of Proverbs 31:10~31", Master thesis (Biola University, 1993), p.144.

3. William McKane, *Proverbs, A New Approach* (Philadelphia: The Westminster Press, 1970), p.670.

4. Derek Kidner, *The Proverbs* (Downers Grove, IL: Inter-Varsity Press, 1973), p.71.

5. Cheryl Julia Dunn, "A Study of Proverbs 31:10~31", p.144.

6. Curtis Vaughan, ed., *The Old Testament Books of Poetry from 26 Translations – Knox* (Grand Rapids, MI: Zondervan Bible Publishers, 1973), p.632.

7. Curtis Vaughan, ed., *The Old Testament Books of Poetry from 26 Translations – Taylor*, p.632.

8. Edith Schaeffer, *What Is a Family?* (Old Tappan, NJ: Fleming H. Revell Company, 1975), p.77.

9. Isabella Beeton, *Beeton's Book of Household Management* (London, Chancellor Press, 1861).

10. 作者不詳。

21. 福杯——她的家庭

1. Abraham Cohen, *Proverbs: Hebrew Text and English Translations with an Introduction and Commentary* (Hindhead, Surrey: The Soncino Press, 1945), p.214.

2. 同上。

3. C.F. Keil and F. Delitzsch, *Commentary on the Old Testament, Vol.6* (Grand Rapids, MI: William B. Eerdmans Publishing Company, 1975), p.340.

4. W. O. E. Oesterley, *The Book of Proverbs* (London: Methuen and Company, Ltd.,1929), p.286.

5. Elisabeth Elliot, *The Shaping of a Christian Family* (Nashville: Thomas Nelson Publishers, 1992), p.201.

6. Edith Schaeffer, *What Is a Family?* (Old Tappan, NJ: Fleming H. Revell Company, 1975), p.121.

7. E. Schuyler English, *Ordained of the Lord* (Neptune, NJ: Loizeaux Brothers, 1976), p. 35.

8. Elizabeth George, *A Woman After God's Own Heart* (Eugene, OR: Harvest House Publishers, 1997).

9. Edith Schaeffer, *What Is a Family?*, p.92.

10. Vonette Zachary Bright, ed., *The Greatest Lesson I've Ever Learned* (San Bernardino, CA: Here's Life Publishers Inc., 1991), p.182.

22. 至高無上的讚美——她的讚美

1. Robert Gilmour LeTourneau, *Mover of Men and Mountains* (Englewood Cliffs, NJ: Prentice-Hall, 1960), 頁數不詳。

2. Curtis Vaughan, ed., *The Old Testament Books of Poetry from 26 Translations* (Grand Rapids, MI: Zondervan Bible Publishers, 1973), pp.632~633.

3. Cheryl Julia Dunn, "A Study of Proverbs 31:10~31", Master thesis (Biola University, 1993), p. 163.

4. Kenneth Taylor, *The Living Bible* (Wheaton, IL: Tyndale House Publishers, 1971).

5. 同上。

6. Charles Bridges, rev. by George F. Santa, *A Modern Study in the Book of Proverbs* (Milford, MI: Mott Media, 1978), p.161.

7. Ralph Wardlaw, *Lectures on the Book of Proverbs, Vol. 3* (Minneapolis, MN: Klock & Klock Christian Publishers, Inc., 1982 reprint), pp. 310~311.

8. Fred H. Wight, *Manners and Customs of Bible Lands* (Chicago: Moody Press, 1953), p.130.

23. 崇敬的精神——她的信心

1. Anne Ortlund, *The Disciplines of the Beautiful Women* (Waco, TX: Word Books, 1977), p.46.

24. 終生的收穫——她的回報

1. W. O. E. Oesterley, *The Book of Proverbs* (London: Methuen & Company, Ltd., 1929), p.283.

2. Judy Hubbell, *Messenger,* November 1975, p.31.

3. Cheryl Julia Dunn, "A Study of Proverbs 31:10~31", Master thesis (Biola University, 1993), p.171.

參考書目

Alden, Robert L. *Proverbs: A Commentary on an Ancient Book of Timeless Advice.* Grand Rapids, MI: Baker Book House, 1983.

Arnot, William. *Studies in Proverbs: Laws from Heaven for Life on Earth.* Grand Rapids, MI: Kregel Publications, 1978.

Dunn, Cheryl Julia. "A Study of Proverbs 31:10~31". Master thesis, Biola University, 1993.

Exell, Joseph S. *Proverbs, The Biblical Illustrator.* Grand Rapids, MI: Baker Book House, 1957.

Hunt, Donald. *Pondering the Proverbs.* Joplin, MO: College Press, 1974.

Ironside, H. A. *Notes on the Book of Proverbs.* New York: Loizeaux Brothers, 1952.

Jamieson, Robert, A. R. Fausset, and David Brown. *Commentary Practical and Explanatory on the Whole Bible.* Grand Rapids, MI: Zondervan Publishing House, 1973.

Karssen, Gien. *The Best of All.* Colorado Springs: NavPress, 1984.

Keil, C. F., And Delitzsch, F. *Commentary on the Old Testament – Vol.6.* Grand Rapids, MI: William B. Eerdmans Publishing Company,1975.

Kidner, Derek. *The Proverbs.* The Tyndale Old Testament Commentaries, London: Inter-Varsity Press, 1973.

Lawson, George. *Proverbs.* Grand Rapids, MI: Kregel Publications, 1980.

MacDonald, William. *Enjoying the Proverbs.* Kansas City, KS: Walterick Publishers, 1965.

McKane, William. *Proverbs: A New Approach.* Philadelphia: The Westminster Press, 1970.

Muffet, Peter. *A Commentary on the Whole Book of Proverbs.* Edinburgh: James Nichol, cir.1954.

Oesterley, W. O. E. *The Book of Proverbs with Introduction and Notes.* London: Methuen & Co., Ltd., 1929.

Pfeiffer, Charles F. and Everett F. Harrison. *The Wycliffe Bible Commentary.* Chicago: Moody Press, 1973.

Santa, George F. *A Modern Study in the Book of Proverbs:* Charles Bridges' Classic Revised for Today's Reader. Milford, MI: Mott Media, 1978.

Spence, H. D. M. and Joseph S. Exell. *The Pulpit Commentary, Vol.9, Proverbs, Ecclesiastes, Song of Solomon.* Grand Rapids, MI: William B. Eerdmans Publishing Company, 1978.

Stitzinger, Jim. "Lecture Notes on Proverbs". The Master's Seminary, 1997.

Thomas, David. *Book of Proverbs, Expository and Homiletical Commentary.* Grand Rapids, MI: Kregel Publications, 1982.

Toy, Crawford H. *A Critical and Exegetical Commentary on the Book of Proverbs,* The International Critical Commentary. Edinburgh: T. & T. Clark, 1899.

Wardlaw, Ralph. *Lectures on The Book of Proverbs, Vol.3.* Minneapolis, MN: Klock & Klock Christian Publishers, Inc., 1982 reprint.

Whybray, R. N. *Proverbs, New Century Bible Commentary.* Grand Rapids, MI: William B. Eerdmans Publishing Company, 1994.

Woodcock, Eldon. *Proverbs, A Topical Study, Bible Study Commentary.* Grand Rapids, MI: Zondervan Publishing House, 1988.

緊扣時代 服事教會

以文字傳揚基督真道

讀者意見表

衷心多謝你購買本社書籍。本社一直致力以出版事工服事教會，幫助信徒扎根於神的話語，促進靈命增長。為使我們的出版更能滿足你的需要，請填寫下列各項資料，並寄回或傳真予本社。

所購書籍：______________________

本書最吸引你的地方：
□作者 □適切性 □文筆 □設計 □實用性
□其他：______________________

購買本書地點：
□基道書樓 □基督教書店 □非基督教書店

性別：□男 □女 職業：______________

信仰：□基督徒 □非基督徒

年齡：□ 16 歲或以下 □ 17～25 歲 □ 26～35 歲
□ 36～55 歲 □ 56 歲或以上

學歷：□中三或以下 □中五 □預科
□大學 □研究院

□我欲更多了解基道出版社的事工及考慮支持，請寄給我下列資料：
□機構簡介 □新書資料 □「書中行」書會資料
□《基道文字事工通訊》

姓名：______________ 電話：______________

地址：______________________

____

傳真：______________ 電子郵件：______________

其他意見：______________________

____

多謝賜教！

基道出版社

意見表可以傳真（2687-0281）或直接郵寄以下地址：
香港沙田火炭坳背灣街26號富騰工業中心1011室
基道出版社編輯部收